M&T Gewusst wie!

Meine Homepage

Ingo Dellwig

Meine Homepage

Gewusst wie!

Markt&Technik Verlag

Die Deutsche Bibliothek – CIP-Einheitsaufnahme

Meine Homepage – Gewusst wie!
Ingo Dellwig. – München : Markt und Technik Verlag
ISBN 3-8272-5652-6
Buch. 1999

Umwelthinweis:
Dieses Buch wurde auf chlorfrei gebleichtem Papier gedruckt.
Die Einschrumpffolie – zum Schutz vor Verschmutzung – ist aus umweltverträglichem und recyclingfähigem PE-Material.

10 9 8 7 6 5 4 3 2 1

03 02 01 00

ISBN 3-8272-5652-6

Einbandgestaltung: Parzhuber + Partner, München
Umschlagfoto: Andreas Reiter, München
Lektorat: Jürgen Bergmoser, jbergmoser@pearson.de
Herstellung: Anja Zygalakis, azygalakis@pearson.de
Satz: EDV-Beratung Aßbichler, München
Druck und Verarbeitung: Media-Print, Paderborn
Printed in Germany

Inhaltsverzeichnis

Einsteigen

Bevor Sie uns in die Entwicklung einer Homepage stürzen, sollten Sie erst einmal einige Begriffe klären, die im weiteren Verlauf des Buches vorausgesetzt werden.

Was ist eigentlich eine Homepage?

Seit einigen Jahren wird das *Internet* immer populärer. Dabei handelt es sich um ein *Netzwerk* aus Computern, die auf der ganzen Welt im Einsatz sind. Dieses Gebilde ermöglicht den Datenaustausch zwischen Menschen aller Nationen. Damit ist auch die Möglichkeit gegeben, persönliche oder geschäftliche Informationen einem großen Publikum auf Internetseiten zu präsentieren. Man spricht bei solchen Seiten von *Homepages*. Diese kann man am besten mit Seiten aus einem Magazin vergleichen, denn die Vielfalt der Themen und auch der Ideenreichtum der Besitzer dieser Seiten ist verblüffend. Zu jedem Thema findet man etwas im Netz (so wird das Internet kurz genannt). Es gibt nichts, was es nicht gibt. Das Bild zeigt die Homepage eines Instituts in den USA, welches sich zur Aufgabe gemacht hat, nach intelligentem Leben im All zu suchen.
(*http://setiathome.ssl.berkeley.edu*)

Wenn man selbst eine Homepage veröffentlichen will und so zur Vielfalt im Internet seinen eigenen Beitrag beisteuern will, sollte man etwas Speicherplatz bei einem *Dienstanbieter* reservieren, denn wer besitzt schon einen Computer, der ständig mit dem Internet verbunden ist? Eine so genannte *Standleitung* ist aber notwendig, wenn eine Seite rund um die Uhr erreichbar sein soll. Alle Anbieter verfügen über einen Direktanschluss und können deshalb die Veröffentlichung Ihrer Seiten übernehmen.

Ein Online-Anbieter erspart Ihnen nicht die Erstellung einer Homepage. Hier ist Ihre Kreativität und Ihr Arbeitseifer gefragt. Das ist auch besser so, denn man weiß selbst am besten, wie die Seite aussehen soll. Man muss sie nur noch in *HTML* umsetzen. Moment mal...

Was ist HTML?

Die Abkürzung HTML steht für »Hyper Text Markup Language« und ist so konzipiert, dass man in dieser Sprache ohne Probleme festlegen kann, wie eine Seite aussehen soll. Im Prinzip genügt ein einfacher *Texteditor*, um HTML-Seiten zu erstellen. Es kann angegeben werden, wie groß die Schrift sein soll, wie Bilder angeordnet werden sollen oder welche Hintergrundmusik abgespielt werden soll.

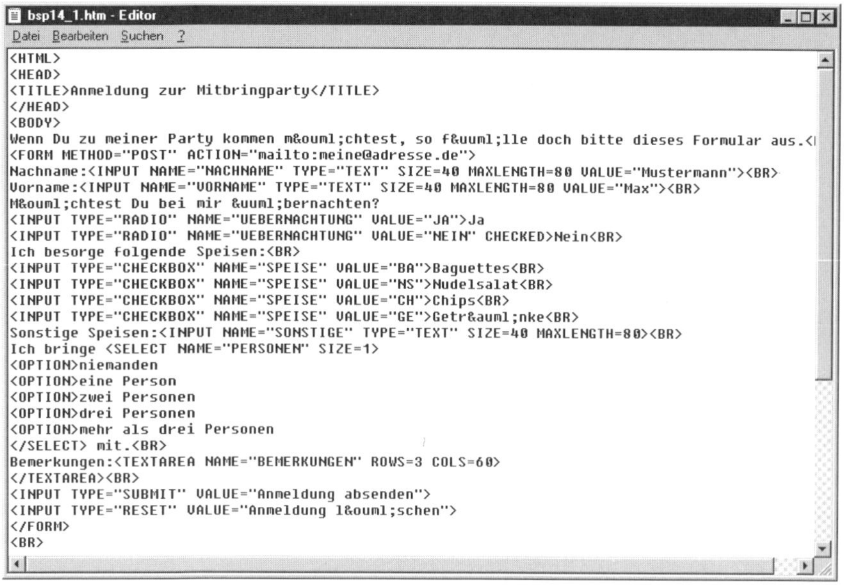


```
<HTML>
<HEAD>
<TITLE>Anmeldung zur Mitbringparty</TITLE>
</HEAD>
<BODY>
Wenn Du zu meiner Party kommen m&ouml;chtest, so f&uuml;lle doch bitte dieses Formular aus.<I
<FORM METHOD="POST" ACTION="mailto:meine@adresse.de">
Nachname:<INPUT NAME="NACHNAME" TYPE="TEXT" SIZE=40 MAXLENGTH=80 VALUE="Mustermann"><BR>
Vorname:<INPUT NAME="VORNAME" TYPE="TEXT" SIZE=40 MAXLENGTH=80 VALUE="Max"><BR>
M&ouml;chtest Du bei mir &uuml;bernachten?
<INPUT TYPE="RADIO" NAME="UEBERNACHTUNG" VALUE="JA">Ja
<INPUT TYPE="RADIO" NAME="UEBERNACHTUNG" VALUE="NEIN" CHECKED>Nein<BR>
Ich besorge folgende Speisen:<BR>
<INPUT TYPE="CHECKBOX" NAME="SPEISE" VALUE="BA">Baguettes<BR>
<INPUT TYPE="CHECKBOX" NAME="SPEISE" VALUE="NS">Nudelsalat<BR>
<INPUT TYPE="CHECKBOX" NAME="SPEISE" VALUE="CH">Chips<BR>
<INPUT TYPE="CHECKBOX" NAME="SPEISE" VALUE="GE">Getr&auml;nke<BR>
Sonstige Speisen:<INPUT NAME="SONSTIGE" TYPE="TEXT" SIZE=40 MAXLENGTH=80><BR>
Ich bringe <SELECT NAME="PERSONEN" SIZE=1>
<OPTION>niemanden
<OPTION>eine Person
<OPTION>zwei Personen
<OPTION>drei Personen
<OPTION>mehr als drei Personen
</SELECT> mit.<BR>
Bemerkungen:<TEXTAREA NAME="BEMERKUNGEN" ROWS=3 COLS=60>
</TEXTAREA><BR>
<INPUT TYPE="SUBMIT" VALUE="Anmeldung absenden">
<INPUT TYPE="RESET" VALUE="Anmeldung l&ouml;schen">
</FORM>
<BR>
```

Hoffentlich habe Sie jetzt nicht entmutigt, denn so kompliziert, wie es in diesem Bild aussieht, ist HTML gar nicht. Sie werden schnell verstehen, was die einzelnen Bezeichnungen zu bedeuten haben. Das verspreche ich Ihnen.

HTML-Dateien werden mit einem speziellen *Protokoll* zwischen den Computern übertragen. Es heißt »Hyper Text Transfer Protocol« (*HTTP*) und ermöglicht es unter anderem, dass man zwischen einzelnen Seiten hin und her »springen« kann. Dieses »Springen« nennt man auch »*Surfen*«. Damit ist das Durchstöbern von Seiten gemeint, die wieder zu anderen Seiten führen. Man kann so durch die verschiedenen Themen blättern und lernt verschiedene Sichtweisen der einzelnen Personen oder Firmen kennen, die diese Seiten zur Verfügung stellen.

Es kommt natürlich oft vor, dass man zu einem bestimmten Thema recherchiert und dann auf viel interessantere Inhalte aufmerksam wird. So gelangt man von der einen Homepage zur anderen und muss sich zusammenreißen, wieder auf das ursprüngliche Thema zurückzukommen. Gerade das macht das Internet allerdings so interessant und lebendig.

Das »*World Wide Web*« (kurz WWW) ist der Hauptdienst des Internets. Daneben gibt es noch weitere, wie E-Mail, FTP, die Newsgroups, usw. ... . Diese Begriffe werden aber noch im weiteren Verlauf des Buches aufgegriffen und erklärt. Wir wollen uns hier zuerst auf das WWW mit den Homepages beschränken.

Das ganze WWW basiert auf der Sprache HTML. Was aber konkret aus einer HTML-Seite gemacht wird, bzw. wie sie angezeigt wird, liegt wiederum am *Browser*. Sie haben Recht...

Was ist ein Browser?

Da niemand den HTML-Text direkt lesen möchte, muss ein Dolmetscher her. Das Programm, das dafür eingesetzt wird, nennt man Browser. Da die Sprache HTML schon eine lange Entwicklung durchgemacht hat, sind auch mehrere unterschiedlich aktuelle Browser auf dem Markt. Hier einige Beispiele: Zuerst der Internet Explorer von Microsoft...

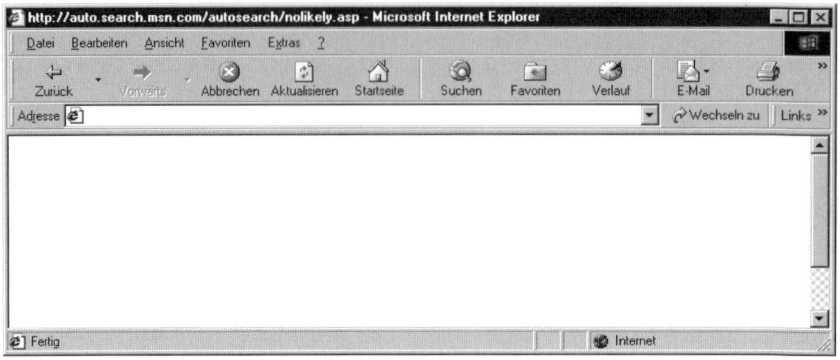

...und hier der Netscape Navigator.

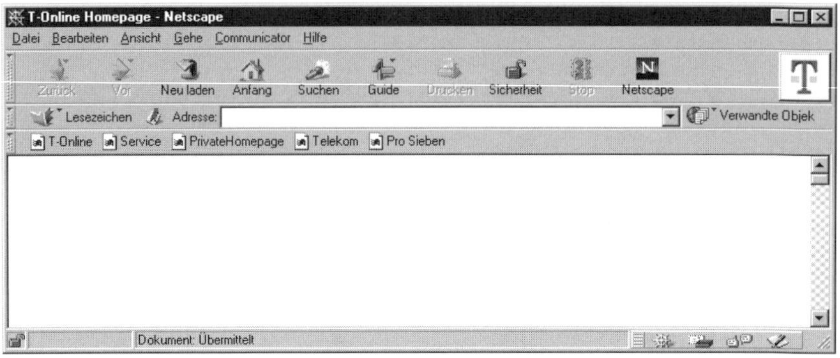

Ein solches Programm liest also den HTML-Text Zeile für Zeile durch und befolgt die darin enthaltenen Anweisungen. Manchmal muss nur Text dargestellt werden, immer öfter sollen aber auch Bilder nachgeladen und angezeigt werden. Ein Browser setzt nicht zuletzt auch Ihren Befehl um, der besagt, dass jetzt eine andere Seite nachgeladen werden soll, die auf der aktuellen Seite vorgeschlagen wurde.

Auch wenn jetzt die wichtigsten Begriffe klar sind, müssen Sie sich noch mit den *Dienstanbietern* und den verschiedenen Werkzeugen beschäftigen.

Welchen Dienstanbieter wähle ich?

Ich habe bereits oben erwähnt, dass man als durchschnittlicher Internetanwender keine dauerhafte Verbindung zum Internet hat und auch nicht braucht. Man wählt sich vielmehr über ein *Modem* oder eine *ISDN*-Karte bei einem Dienstanbieter ein. Wenn man noch nicht über diese Möglichkeit verfügt und sich noch nicht für einen *Provider*, so nennt man diese online-Anbieter auch, entschieden hat, sollte man einige Punkte bezüglich der Homepage-Veröffentlichung beachten. Gehen Sie die folgende Liste einfach Schritt für Schritt durch:

1. Ist es überhaupt möglich, bei dem Dienstanbieter eine Homepage abzulegen?

2. Wie teuer wird das? Ist dieser Service vielleicht schon im Monatsbeitrag enthalten?

3. Wieviel *Speicherplatz* stellt mir der Anbieter zur Verfügung?

4. Bietet er auch die *Software* an, die zur Übertragung der Seiten auf seinen *Server* notwendig ist, oder kann man sie auch über eine Standard-FTP-Verbindung übertragen? (*FTP* steht für »File Transfer Protocol« und ist eine übliche Form der Datenübertragung im Internet. Die Software ist in vielen *Betriebssystemen* integriert.)

5. Welche Möglichkeiten stehen bei der Gestaltung des Festplattenspeichers beim Anbieter zur Verfügung? Kann man zum Beispiel Unterverzeichnisse erstellen?

6. Eine weitere Überlegung ist die *Adresse* wert, die man für die Homepage erhält. Wie lang ist die Adresse und inwieweit kann man sie sich selbst aussuchen?

Inzwischen gibt es so viele verschiedene Dienstanbieter, dass der Markt kaum noch überschaubar ist. Schauen Sie sich einfach um. Überall finden Sie Angebote von online-Anbietern, die Sie nach der zuvor genannten Liste bewerten können. Ein paar Beispiele möchte ich dennoch bringen, falls Sie nicht gleich fündig werden. Die Konditionen ändern sich allerdings so rasend schnell, dass es nicht sinnvoll ist, diese hier abzudrucken. Ich beschränke mich nur auf die Internetadressen.

AOL ist die Abkürzung für America Online und ist auch in Deutschland unter *http://www.aol.de* vertreten.

CompuServe dient auch als Internetanbieter. Weitere Informationen finden Sie unter: *http://www.compuserve.de*

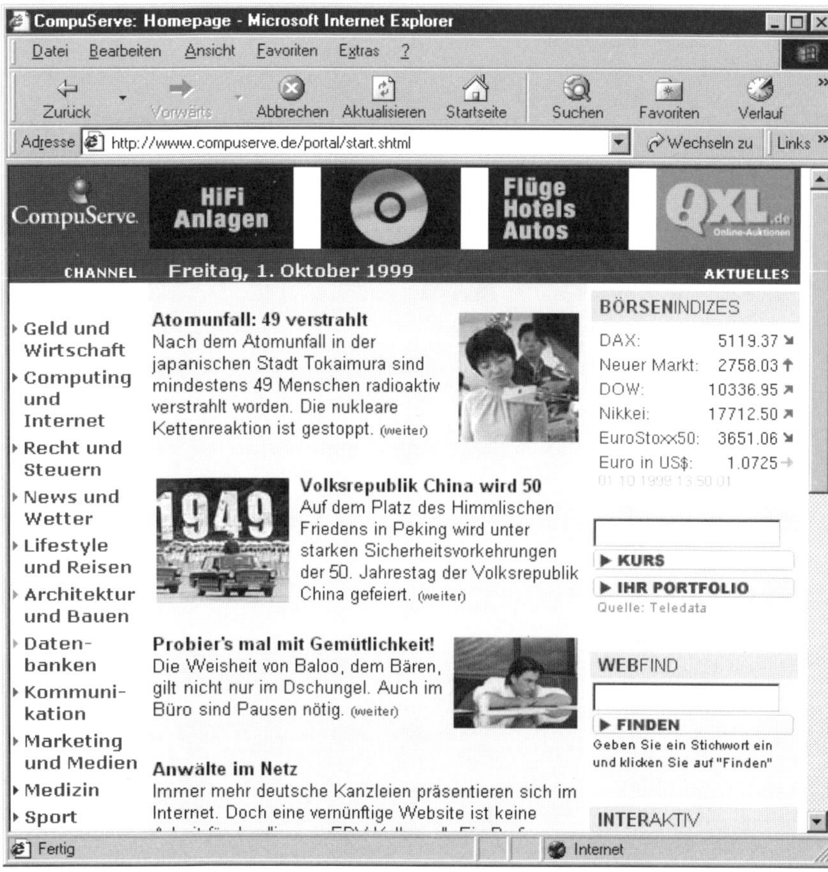

Die Deutsche Telekom AG hat einen eigenen Onlinedienst-Anbieter: T-Online. Die Homepage-Adresse lautet *http://www.t-online.de*.

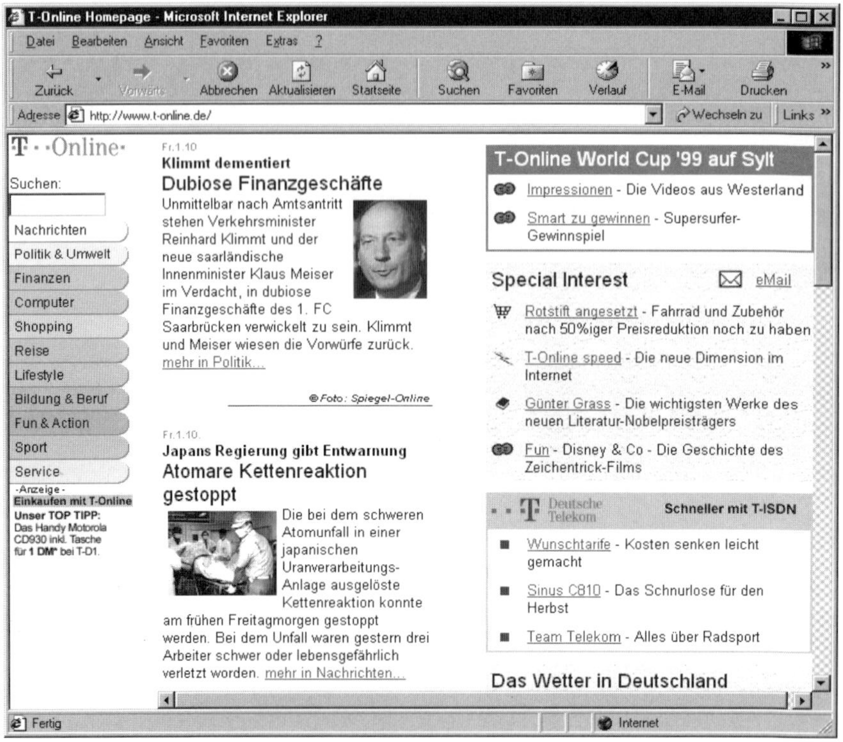

Auch die Firma UU-Net bietet Internetzugänge an. Lesen Sie hierzu auf der Seite *http://www.uunet.de* nach.

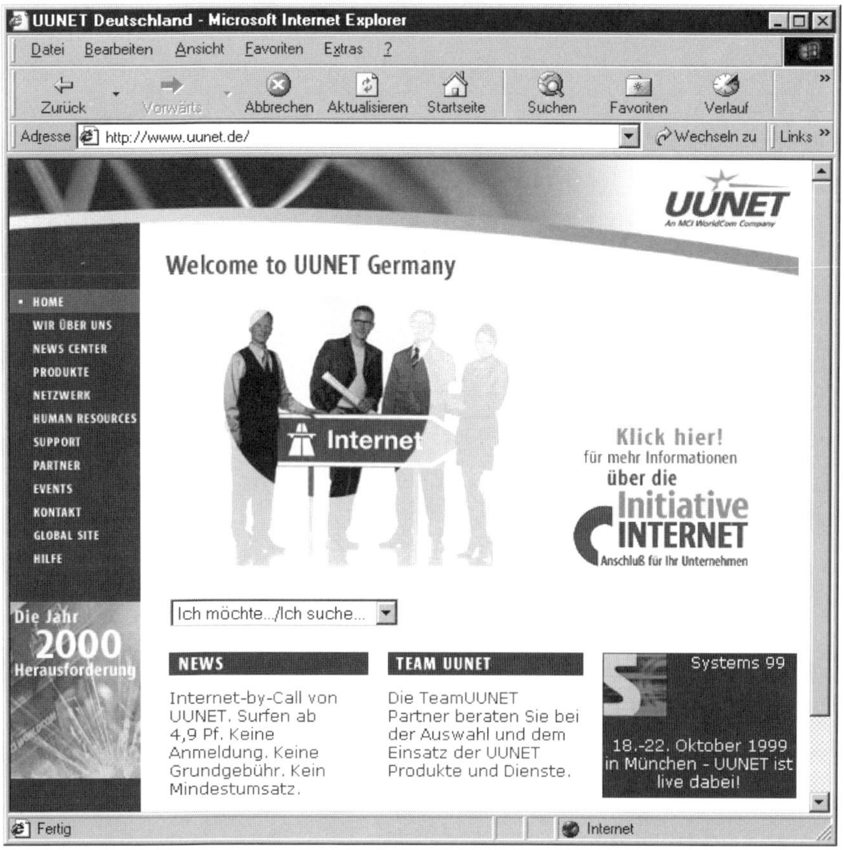

Zum Schluss möchte ich noch auf PureTec hinweisen. Dieser Dienst wird von 1&1 angeboten. Einzelheiten finden Sie unter *http://www.puretec.de* .

Welche Werkzeuge brauche ich?

Man kann sich natürlich nicht einfach so an einen beliebigen Computer setzen und anfangen, eine Homepage zu entwerfen. Es ist schon ein wenig Vorbereitung nötig.

Der Editor

Irgendwie muss man dem Rechner mitteilen, wie die Homepage später aussehen soll. Dazu reicht schon ein ganz einfacher *Texteditor*. Wenn Sie zum Beispiel Windows als Betriebssystem verwenden, wird der Editor »Notepad« mitgeliefert.

1. Klicken Sie auf »Start« (unten links auf der Windows-Arbeitsoberfläche).

2. Klicken Sie auf »Programme«.

3. Weiter geht es mit dem Punkt »Zubehör«.

4. Nun reicht ein Klick auf den »Editor« und es erscheint folgendes Fenster:

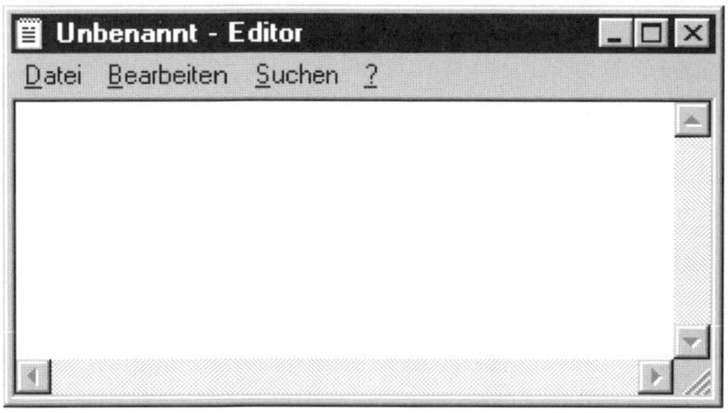

Da Sie die Seiten ablegen müssen, und nicht lange herumsuchen wollen, legen Sie bitte im Stammverzeichnis einen Ordner namens »Homepage« an. Hier werden Sie alle HTML-Dateien abspeichern. Und so geht's:

1. Klicken Sie auf »Start«.
2. Klicken Sie auf »Programme«.
3. Klicken Sie auf »Windows Explorer«.
4. In dem dann geöffneten Fenster klicken Sie mit der rechten Maustaste in den Bereich des Laufwerks C.

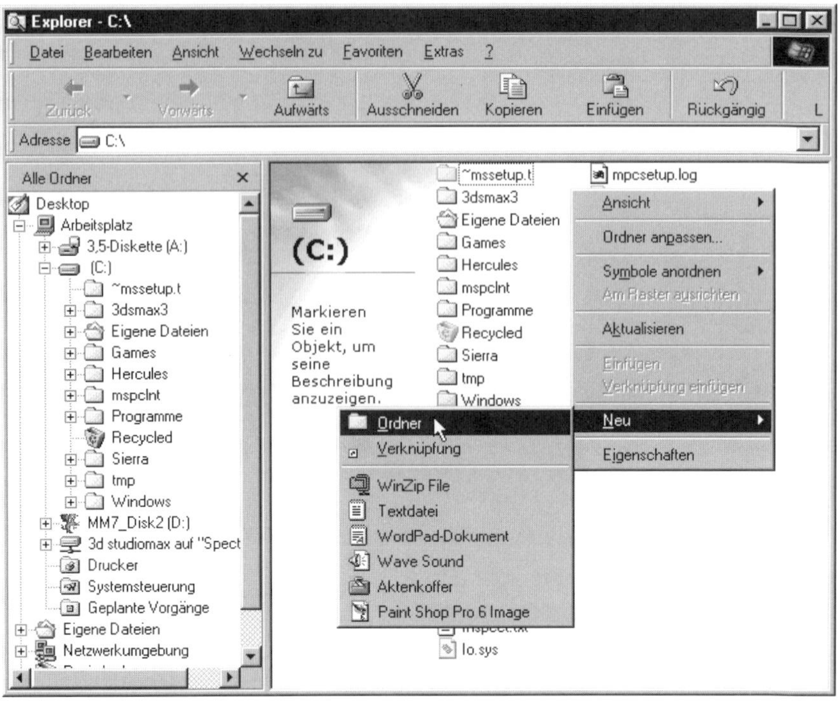

1. Wählen Sie »Neu«.

2. Wählen Sie »Ordner«.

3. Tippen Sie »Homepage« ein und bestätigen mit [↵].

Der Browser

Wenn Sie eine HTML-Seite fertig geschrieben haben, wollen Sie natürlich auch wissen, wie diese Seite nachher aussieht. Deshalb ist es notwendig, einen Browser zu installieren. Wenn Sie Mitglied bei einem Dienstanbieter sind, sollten Sie über diese Software verfügen. Unter Windows 95/98 verfügen Sie standardmäßig über den Internet Explorer. Wenn Sie einen anderen Browser nutzen wollen, gebe ich Ihnen folgenden Tipp, um Ihre Telefonkosten nicht durch ewig lange Downloads zu erhöhen: Kaufen Sie sich am Kiosk eine Internet-Zeitschrift mit CD-ROM. Dort finden Sie fast immer verschiedene Browser.

Wie sieht eine HTML-Datei aus?

Kapitel 2

Sie haben nun alle Werkzeuge ausgewählt. Jetzt wird es langsam Zeit, dass man erste Ergebnisse sehen kann. Deshalb erstellen Sie nun die erste Seite der Homepage.

Eine HTML-Datei anlegen

Öffnen Sie dazu Ihren Editor (wie im letzten Kapitel beschrieben). Da der Computer diese Datei nachher als HTML-Seite interpretieren soll, ist es notwendig, dass Sie sie auf zwei Arten kennzeichnen. Als erstes muss der Text mit `<HTML>` beginnen und mit `</HTML>` enden.

Da Sie sich jetzt sicher fragen, was denn die Klammern zu bedeuten haben, sei hier kurz erwähnt, dass man in HTML mit so genannten *Marken*, die auch *Tags* heißen, bestimmte Abschnitte kennzeichnet. In den meisten Fällen gibt es eine Anfangsmarke und eine Endmarke. Die Endmarke unterscheidet sich nur durch den Schrägstrich von der Anfangsmarke. Tragen Sie also die folgenden Zeilen ein:

```
<HTML>

</HTML>
```

Das sieht dann so aus:

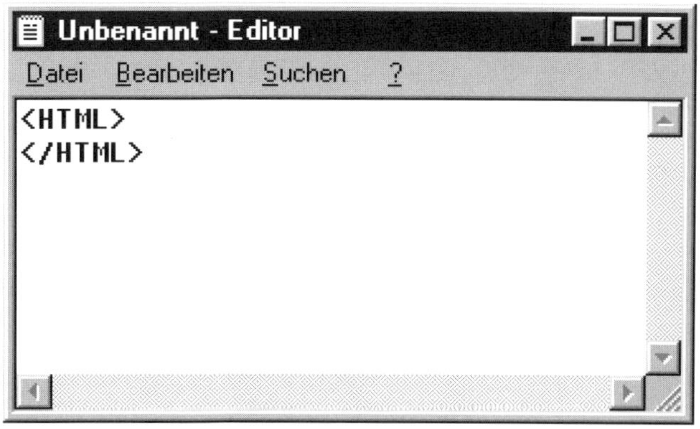

Diese Datei können Sie nun abspeichern, damit sie auch wirklich auf der *Festplatte* verfügbar ist. Dabei ist die zweite Kennzeichnung zu beachten, denn alle HTML-Dateien müssen auf .HTM oder .HTML enden. Da nicht alle Betriebssysteme vier Zeichen nach dem Punkt akzeptieren, empfiehlt es sich .HTM zu verwenden.

1. Klicken Sie auf »Datei«.

2. Klicken Sie dann auf »Speichern unter...«.

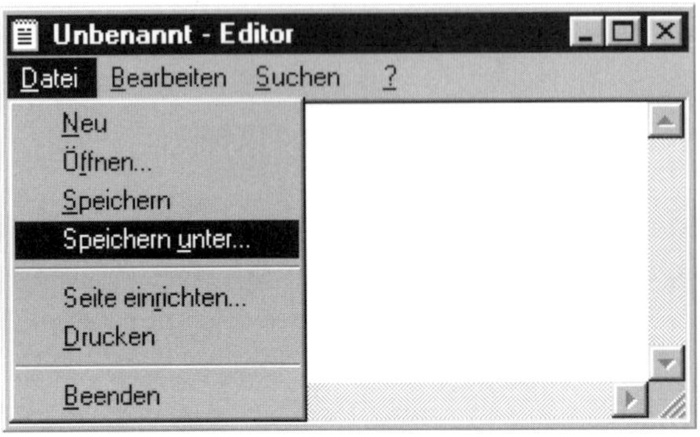

3. Wählen Sie das zuvor erstellte Verzeichnis C:\Homepage.

4. Tragen Sie bei Dateiname »index.htm« ein.

5. Klicken Sie nun auf »Speichern«.

Wenn sich mehrere HTML-Dateien in einem Unterverzeichnis befinden, wird der Browser zuerst immer die Datei mit dem Namen »index.htm« auswählen, falls Sie keinen anderen Dateinamen angeben. Speichern Sie diesen Text dann in dem neu angelegten Verzeichnis ab. Damit existiert nun eine HTML-Datei auf Ihrer Festplatte. Wenn man diese jetzt aufrufen würde, könnte man noch nicht allzu viel sehen, denn der Computer hat bisher ja nur mitbekommen, dass es sich beim Inhalt der Datei um HTML handelt.

Einen Titel definieren

Um Ihrer Seite Leben einzuhauchen, wäre es jetzt nicht schlecht, Text einzutragen. Bevor Sie aber loslegen, sollten Sie noch etwas beachten, denn man kann HTML-Seiten in zwei Teile zerlegen. Der erste wird *Kopf* genannt und durch die Marke <HEAD> gekennzeichnet. Da der Kopf einen bestimmten Bereich umfasst, gibt es auch hier eine Endmarke </HEAD>. Alles was im Kopf der HTML-Seite angegeben wird, ist später nicht direkt auf dieser Seite zu sehen, sondern macht sich anders bemerkbar. Sie sollten zum Beispiel einen Titel für Ihre Homepage wählen. Er wird in den meisten Browsern in der Kopfleiste neben dem Browsernamen angegeben. Der Titel wird durch die Marke <TITLE> gekennzeichnet.

Die Seite mit Inhalt füllen

Da die Seite jetzt immer noch leer ist – der Titel erscheint ja nicht auf der Seite – und zu jedem Kopf ein *Körper* gehört, sollten Sie die Marke `<BODY>` hinzufügen. Alles was im Körper eingetragen wird, erscheint im Normalfall auch auf der Seite. Sie können nun also Ihren Text ergänzen.

```
<HTML>
<HEAD>
<TITLE>Meine Homepage</TITLE>
</HEAD>
<BODY>
Super! Sie haben alles richtig gemacht.
</BODY>
</HTML>
```

Die Seite anschauen

Jetzt wollen Sie endlich einmal Ergebnisse sehen. Bitte speichern Sie diesen Text.

1. Klicken Sie auf »Datei«.
2. Klicken Sie dann auf »Speichern«.
3. Starten Sie nun Ihren Browser.
4. Klicken Sie auf »Start«.
5. Klicken Sie auf »Programme«.
6. Klicken Sie nun auf »Internet Explorer«. (Wenn Sie einen anderen Browser nutzen, starten Sie diesen ebenfalls über »Start«.)

Es hat sich inzwischen als Standard durchgesetzt, dass im oberen Teil des Browsers ein Textfeld mit dem Namen »URL:«, »Adresse:« oder »Gehe zu:« existiert. Hier können Sie eintragen, welche Seite Sie ansehen möchten. Da sich Ihre neue HTML-Datei noch auf der Festplatte befindet, können Sie diese mit dem Eintrag `file:///c:/homepage/index.htm` öffnen. Wenn Sie natürlich bei der Vorbereitung ein anderes Verzeichnis oder ein anderes Laufwerk gewählt haben, ändern Sie den Befehl entsprechend ab. Sie können nun mit [↵] bestätigen, und die folgende Anzeige erscheint:

Achtung!

Sollte bei Ihnen die Datei nicht angezeigt werden, weil die Eingabe `file://...` nicht richtig interpretiert wurde (z.B. bei einem Macintosh), starten Sie bitte Ihren Dateimanager, und öffnen Sie die HTML-Datei von dort aus.

Damit haben Sie nun Ihre erste HTML-Seite erstellt und auch angezeigt. Allerdings sieht das Layout noch ein wenig mager aus. Sie könnten mit Ihrem jetzigen Wissen zwar schon Texte in einem Browser darstellen, allerdings fehlen noch einige wichtige Marken, die den Text lesbarer machen können.

Wie schreibt man Text?

Ein Großteil einer Homepage besteht normalerweise aus Text. Damit er nicht allzu trist aussieht, und damit man besondere Textstellen hervorheben kann, ist es mit HTML möglich, das Textbild sehr kreativ zu gestalten.

Absätze erzeugen

Sie führen einmal ein kleines Experiment durch. Bitte ändern Sie den Quelltext Ihrer Homepage so ab:

```
<HTML>
<HEAD>
<TITLE>Meine Homepage</TITLE>
</HEAD>
<BODY>
Super! Sie haben alles richtig gemacht.
Jetzt aber zu dem Experiment. Wir möchten eine
Aufzählung darstellen. Als Beispiel verwenden
wir eine Einkaufsliste:
- 10 Eier
- 3 Liter Milch
- 100 g Gehacktes
- 1 Flasche Süßstoff
- Essig & Öl
</BODY>
</HTML>
```

Auch wenn Sie niemals so eine Einkaufsliste im Internet veröffentlichen würden, erfüllt sie hier doch einen Zweck, denn wenn man sich das Ergebnis betrachtet, sieht man folgende Seite:

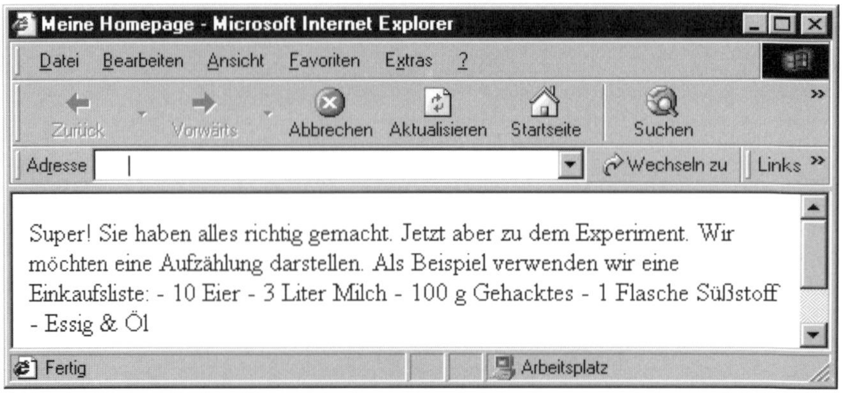

Sie stellen also fest, dass die Formatierung, die Sie im *Quelltext* vorgegeben haben, nicht eingehalten wurde. Der Browser hat den Text einfach hintereinander geschrieben. Das hat den Vorteil, dass man einen Text in verschiedenen Browsern, die eine unterschiedlich breite Darstellungsfläche haben können, optimal ausrichten kann. Wenn man aber wie in unserem Fall Zeilenumbrüche benötigt, muss man diese mit der Marke <BR> extra erzwingen. Die Abkürzung BR stammt aus dem Englischen und steht für »break«, was man mit »Zeilenumbruch« übersetzen könnte. Damit man keine Leerzeilen verwenden muss, die nur die
-Marke enthalten, wurde die Marke <P> (steht für »paragraph« = »Absatz«) eingeführt, die einen Absatz erzeugt. Da ein Zeilenumbruch oder ein Absatz keinen Bereich markiert, sondern nur einen Punkt, gibt es hier keine Endmarken. Wenn Sie diese Tabelle in Ihrem Quelltext berücksichtigen, sieht er so aus:

```
<HTML>
<HEAD>
<TITLE>Meine Homepage</TITLE>
</HEAD>
<BODY>
Super! Sie haben alles richtig gemacht.<P>
Jetzt aber zu dem Experiment. Wir möchten eine
Aufzählung darstellen. Als Beispiel verwenden
wir eine Einkaufsliste:<P>
- 10 Eier<BR>
- 3 Liter Milch<BR>
- 100 g Gehacktes<BR>
- 1 Flasche Süßstoff<BR>
- Essig & Öl<BR>
</BODY>
</HTML>
```

Wenn Sie sich diese Seite mit dem gleichen Text nunerneut ansehen, erscheint folgende Ausgabe:

Jetzt wird die Einkaufsliste richtig angezeigt. Der Einfachheit halber werden Sie in den nachfolgenden Beispielen die <HTML>-Marken und den Kopfteil weglassen. Sie wissen ja jetzt, dass beides notwendig ist.

Überschriften definieren

Eine heute übliche Homepage wird niemals nur aus gleichmäßig formatiertem Text bestehen. Damit eine Seite übersichtlich wird, ist man schon gezwungen, Überschriften anzugeben und diese auch hervorzuheben. Dafür gibt es mehrere ganz leicht zu handhabende Marken. Für eine Hauptüberschrift sollte man <H1> (»H« steht für »header« = »Überschrift«) verwenden. Für die untergeordneten Überschriften stehen dann noch die Marken <H2> bis <H6> zur Verfügung. Eine Überschrift ist natürlich ein Bereich. Deshalb sind hier wieder Endmarken notwendig (also </H1> bis </H6>). Ein Beispiel könnte so aussehen:

```
<BODY>

<H1>Einkaufsliste</H1>

<H2>Nahrungsmittel</H2>
```

```
<H3>Konserven</H3>
- 2 x Bohnen<BR>
- 3 x Erbsen & Möhren<BR>
- 1 x Spargel<BR>
<H3>Tiefkühlkost</H3>
- 1 x Fischstäbchen<BR>
- 3 x Pizza<BR>
<H3>Sonstiges</H3>
- Brot<BR>
<H2>Getränke</H2>
<H3>alkoholisch</H3>
- Bier<BR>
- Likör<BR>
<H3>antialkoholisch</H3>
- Wasser<BR>
<H2>Sonstiges</H2>
- Toilettenpapier<BR>
</BODY>
```

Wenn Sie diesen Quelltext nun im Browser laden, erhalten Sie folgende Ausgabe:

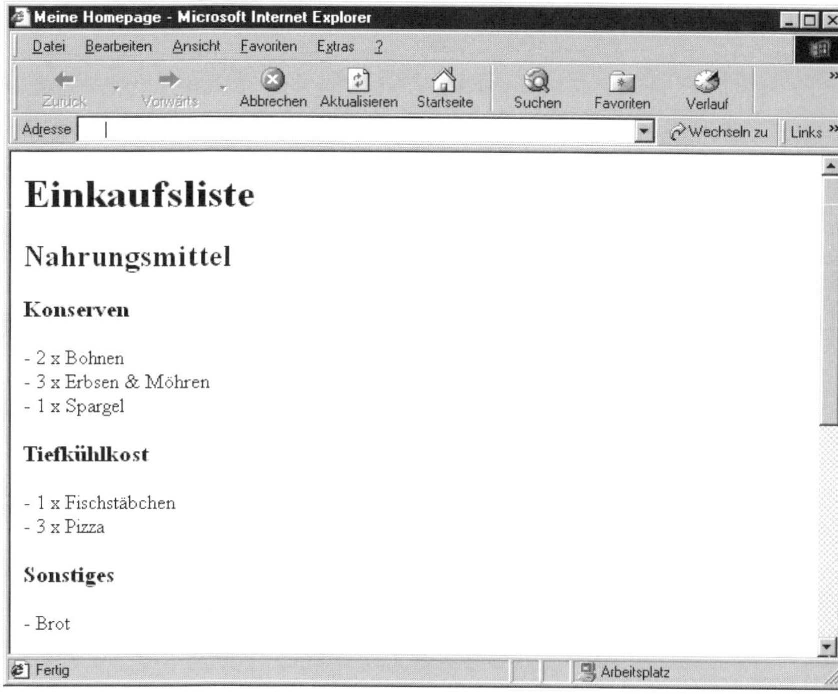

Wie Sie sehen, ist in einer Überschrift-Endmarke schon ein Zeilenumbruch enthalten. Ein zusätzliches <BR> ist also nicht mehr notwendig.

Textpassagen hervorheben

Manchmal ist es nützlich, Wörter oder ganze Sätze hervorzuheben. Dazu hat man mehrere Marken eingerichtet:

- Die Marke <B> erlaubt es, Text fett auszugeben.
- Wenn man <I> verwendet, wird der Text kursiv dargestellt.
- Manchmal möchte man einfach eine andere Schriftart zur optischen Abhebung verwenden. Hier hilft <TT> weiter, denn diese Marke kann Text in Schreibmaschinenschrift darstellen.
- Bis jetzt können nur Netscape-Browser ab Version 2.0 die Marke <BLINK> interpretieren. Ich gehe aber davon aus, dass auch andere Softwarehäuser die Nützlichkeit von blinkendem Text erkennen werden.

Hinweis

Texte, die so hervorgehoben werden, müssen mit einer Endmarke abgeschlossen werden.

Es gibt noch eine Vielzahl von weiteren Möglichkeiten, die allerdings sehr speziell sind und von den verschiedenen Browsern auch unterschiedlich interpretiert werden können. Deshalb rate ich von deren Nutzung ab, wenn Ihre Seite mit verschiedenen Browsern möglichst gleich wiedergegeben werden soll.

Texte ausrichten

Wenn Sie Ihre Seiten gerne etwas auflockern möchten, können Sie einen Textabschnitt auch in der Mitte der Seite zentrieren. Dabei hilft Ihnen die Marke `<CENTER>`. Wenn Sie die neu erlernten Marken einsetzen, können Sie schon den folgenden Quellcode erstellen:

```
<BODY>
Dieser Text ist ganz normal an der linken Seite des Fensters ausge-
richtet.<BR>
<CENTER>
Dieser Text wird dagegen zentriert.<BR>
</CENTER>
Man kann Texte auch <B>fett, <I>fett &amp; kursiv</I></B> oder auch
nur <I>kursiv</I> darstellen.<BR>
<BLINK>Mit Netscape blinkt diese Zeile.</BLINK><BR>
</BODY>
```

Lassen Sie diesen Quelltext nun durch den Browser interpretieren:

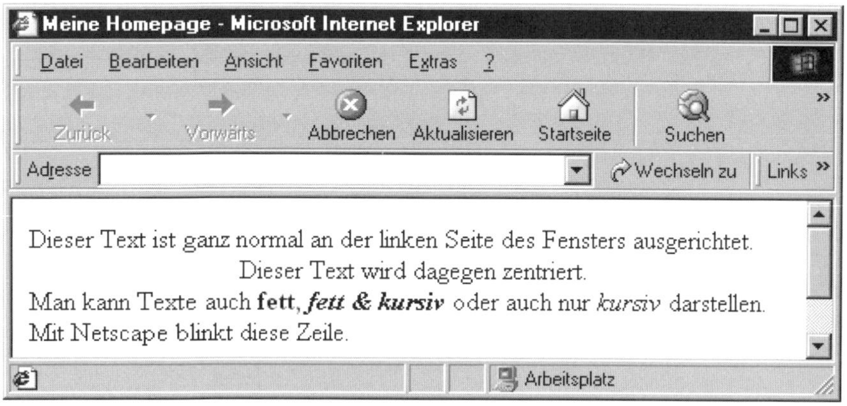

Mit Ihrem Browser können Sie nun überprüfen, welche Wirkung erzielt wird. Sie werden feststellen, dass Sie Hervorhebungsmarken durchaus ineinander verschachteln können, denn ein Teil des Textes wird ja gleichzeitig fett und kursiv ausgegeben.

Wie verknüpft man Seiten?

Auch wenn Sie jetzt in der Lage sind, eine Homepage durch das Textlayout anschaulich zu gestalten, ist nicht zu empfehlen, einfach alle Ihre Texte, die Sie veröffentlichen möchten, hintereinander auf eine Seite zu schreiben. Denn niemand wird sich von A bis Z durch irgendwelche Passagen lesen, die ihn gar nicht interessieren. Deshalb bietet HTML die Option, mehrere Seiten untereinander zu verknüpfen. Es ist damit auch die Möglichkeit gegeben, auf der ersten Seite eine Art Inhaltsverzeichnis anzulegen und jeden Eintrag mit einer anderen Seite zu verbinden, die sich nur mit einem Thema befasst.

Innerhalb einer Homepage verknüpfen

So eine *Verknüpfung* wird auch *Link* genannt und kann zwischen Ihren Seiten bestehen, aber auch zwischen einer Ihrer Seiten und einer Seite in den USA, Ägypten oder irgendwo anders auf der Welt. In diesem Unterkapitel befassen Sie sich erst einmal ganz allein mit Seiten, die Sie selbst schreiben.

Einzelne Seiten verknüpfen

Nehmen Sie einmal an, Sie haben drei verschiedene Hobbies. Es handelt sich um Ihren Hund, um Musik und um Tennis. Sie können dann Ihre Homepage »index.htm« so abändern, dass im Körper folgender Text steht:

```
<BODY>
<CENTER>
<H1>Willkommen auf meiner Homepage!</H1>
</CENTER>
Mein Name ist Max Mustermann und ich habe einige Hobbies über die ich
hier gerne berichten möchte. Ich gehe gerne mit meinem Hund aus,
spiele gerne Tennis und höre den ganzen Tag Musik.<BR>
</BODY>
```

Wenn man nun in den Browser blickt, sieht man Folgendes:

Der Text wird im Browser richtig angezeigt, nur zu anderen Seiten können Sie noch nicht wechseln. Das ist natürlich klar, denn es gibt ja noch keine anderen Seiten. Deshalb sollten Sie jetzt drei neue HTML-Dateien erstellen. Sie sollen »hund.htm«, »tennis.htm« und »musik.htm« heißen und im gleichen Verzeichnis wie »index.htm« abgelegt werden. Die Inhalte der Dateien sind hier komplett abgedruckt:

Die Datei »hund.htm« könnte so aussehen:

```
<HTML>
<HEAD><TITLE>Mein Hund</TITLE><HEAD>
<BODY>
Mein Hund hat übrigens den Namen Felix.<BR>
</BODY>
</HTML>
```

Als Beispiel für »tennis.htm« können Sie diesen Quelltext verwenden:

```
<HTML>
<HEAD><TITLE>Tennis</TITLE><HEAD>
<BODY>
Jeden Montag Nachmittag spiele ich Tennis im TC Rot-Gold Musterhau-
sen.<BR>
</BODY>
</HTML>
```

Auch für »musik.htm« habe ich ein Beispiel:

```
<HTML>
<HEAD><TITLE>Musik</TITLE><HEAD>
```

```
<BODY>
Ich könnte den ganzen Tag Musik hören, aber mein Chef hat etwas dage-
gen.<BR>
</BODY>
</HTML>
```

Jetzt sind zwar die Dateien vorhanden, aber Sie können sie immer noch nicht von der Homepage aus erreichen. Hier kommt jetzt die wichtigste Marke ins Spiel. Sie heißt `<A>` und hat eine Besonderheit, die Sie noch nicht kennen. Manchen Marken kann man *Attribute* hinzufügen. In diesem Fall würde es ja nicht reichen, einfach nur anzugeben, dass jetzt eine Verknüpfung folgt, sondern der Browser sollte auch wissen, wohin er verknüpfen soll. Deshalb wird zur Marke `<A>` das Attribut `HREF` definiert, welches die Adresse des nächsten Dokumentes angibt. Da es sich in unserem Fall im gleichen Verzeichnis befindet wie die Ausgangsseite, genügt der Name der Datei. Ein Attribut schreibt man einfach mit in die Klammern einer Marke. Den meisten Attributen muss man einen Wert zuordnen: in diesem Fall also den Namen der nächsten Seite. Wenn man das nun zusammen schreibt, sieht das so aus:

```
<A HREF="hund.htm">
```

Da der Betrachter der Homepage aber noch irgendwo klicken muss, damit er auf die Hundeseite gelangt, wäre es nicht schlecht, wenn er direkt auf das Wort »Hund« klicken könnte. Das ist kein Problem, denn eine Verknüpfung muss ein Wort (oder auch mehrere) umschließen. Diese Worte nennt man auch *Anker*.

```
<A HREF="hund.htm">Hund</A>
```

Wenn Sie das Prinzip jetzt auf die ganze Homepage mit den drei Hobbies anwenden, ergibt sich dieser Text:

```
<BODY>
<CENTER>
<H1>Willkommen auf meiner Homepage!</H1>
</CENTER>
Mein Name ist Max Mustermann und ich habe einige Hobbies über die ich
hier gerne berichten möchte. Ich gehe gerne mit meinem
<A HREF="hund.htm">Hund</A>
aus, spiele gerne
<A HREF="tennis.htm">Tennis</A>
und höre den ganzen Tag
<A HREF="musik.htm">Musik</A>.<BR>
</BODY>
```

Das Ergebnis:

Da Sie noch keine Möglichkeit haben, von den drei Hobby-Seiten wieder zurückzugelangen, sollten Sie in diesen Dateien vor der </BODY>-Endmarke noch folgende Zeilen einfügen:

Hier geht es zu meiner Homepage

```
<A HREF=”index.htm”>zur&uuml;ck</A>!<BR>
```

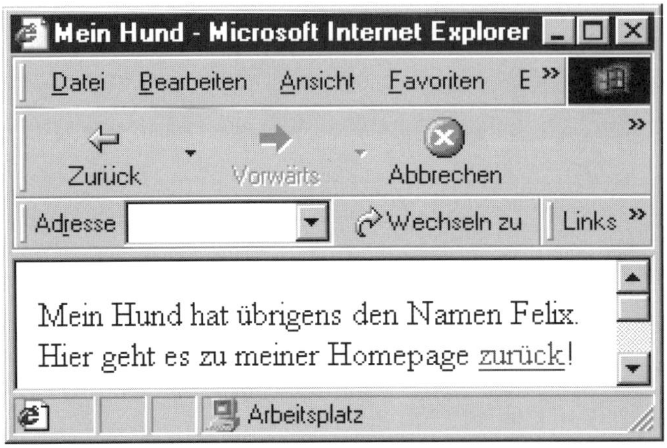

Wenn Sie jetzt »index.htm« betrachten, stellen Sie fest, dass die Hobbies farbig hervorgehoben und normalerweise sogar unterstrichen sind.

Wenn Sie ein Hobby anklicken, gelangen Sie tatsächlich zu einer anderen Seite und von dort über »zurück« wieder zur Homepage. Solche Verknüpfungen sind also gar nicht kompliziert.

Dateien verknüpfen

Sie haben also gelernt, dass Sie für Verknüpfungen zu eigenen Seiten nur den Dateinamen der HTML-Seite angeben müssen. Wenn Sie ein wenig weiter denken, stellen Sie sich schnell die Frage, was denn passieren wird, wenn Sie statt einer HTML-Datei den Namen einer Datei angeben, die ein ganz anderes Format hat.

Ich glaube, es wird Zeit für ein weiteres Experiment. Sie erweitern die Homepage »index.htm« einfach vor der Endmarke des Körpers um die folgenden Zeilen:

```
Hier kann man einen <A HREF="ein_text.txt">Text</A>

ansehen. Wenn man hier klickt, sollte ein

<A HREF="ein_bild.gif">Bild</A>

erscheinen. Was passiert denn, wenn man zu einem

<A HREF="ein_prog.exe">Programm</A> verknüpft?

<BR>
```

Wie Sie sicherlich schon gemerkt haben, laufen die Verknüpfungen noch ins Leere.

Wenn Sie Beispieldateien brauchen, besuchen Sie doch mal die Seite *http://gewusst-wie.mut.de*. Hier finden Sie die Beispieldateien zu diesem Buch »BSP25652.ZIP«. Diese Dateien können Sie herunterladen und zum Beispiel mit WinZip entpacken. Im Ordner, in dem Sie die Datei entpackt haben, finden Sie das Verzeichnis »Test«, in welchem sich die drei Dateien EIN_TEXT.TXT, EIN_BILD.GIF und EIN_PROG.EXE befinden. Bitte kopieren Sie diese Dateien in Ihr Verzeichnis C:\HOMEPAGE.

Jetzt können Sie die erweiterte Seite einmal testen. Sie werden sicherlich schon ahnen, dass der Text und das Bild angezeigt werden. Da aber in einem normalen Text oder in einem normalen Bild keine Verknüpfungen definiert werden können, ist es nicht möglich, auf gewohntem Wege zur Seite »index.htm« zurückzukehren. Sie sollten also den Zurückknopf (engl. »back«) des Browsers betätigen oder einfach wieder den Namen der Seite im gewohnten Format eingeben.

Richtig interessant wird es aber erst, wenn man die Verknüpfung »Programm« anklickt. Der Browser wird nun melden, dass er dieses Format nicht anzeigen kann, und bietet dem Betrachter der Seite an, die Datei zu speichern, und warnt gleichzeitig vor Viren.

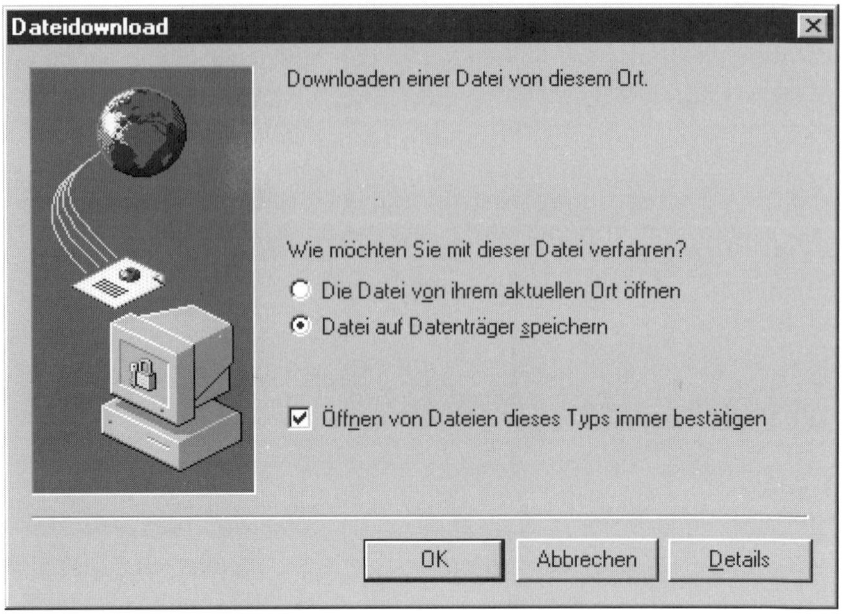

Dieser Effekt ist äußerst nützlich, wenn man Programme über das Internet veröffentlichen will. Man legt sie einfach auf dem Homepage-Server ab und verweist mit einem Link darauf. Wenn der Betrachter die Datei *herunterladen* möchte, kann er sie einfach abspeichern.

Externe Verknüpfungen erstellen

Es wäre ziemlich langweilig, wenn der Betrachter nur zwischen Ihren eigenen Seiten wechseln könnte. Deshalb gibt es auch die Möglichkeit, eine Verknüpfung zu Seiten aufzubauen, die nicht von Ihnen stammen.

Zu anderen Seiten verknüpfen

Wenn Sie später Ihre Seiten veröffentlichen, erhalten Sie eine Adresse, unter der sie zu finden sind. So gibt es für jede Homepage eine eindeutige Adresse. Da HTML-Dateien mit dem Protokoll HTTP übertragen werden, beginnen diese Adressen immer mit »http://«. Danach folgt die Serverbezeichnung. Die meisten Anbieter nennen ihn »WWW« (World Wide Web), denn das ist die eigentliche Bezeichnung für den Verbund aller Homepages. Nun folgt die Domain, die angibt, wem dieser Server zugeordnet ist. Es handelt sich meist um den Namen der Anbieterfirma. Die Domain endet mit der Länderbezeichnung. So steht «.de« zum Beispiel für Deutschland und «.com« für Unternehmen, die meist in den USA zu finden sind. Nach der Landesbezeichnung kann man optional noch ein Verzeichnis und einen Dateinamen angeben. Das ist nicht immer nötig, da oft eine Startdatei existiert, die der Browser selbstständig findet. Eine Web-Adresse könnte also so aussehen:

http://www.firma.de/verz/unt-verz/datei.htm

Man kann also ohne weiteres mehrere Unterverzeichnisse angeben. Da diese Adresse frei erfunden ist, wird man hier keine Homepage finden, sondern es wird nur eine Fehlermeldung erscheinen. Sie geben also einmal eine echte Adresse in das Feld ein, in dem Sie schon zuvor Ihre Seite angewählt haben. Wie wäre es mit:

http://www.dellwig.de/

Der Browser wird jetzt eine Verbindung mit dem Netzwerk aufbauen, und nach einigen Sekunden Ladezeit erscheint die Homepage der Familie Dellwig.

Eine Homepage lebt davon, dass man Verknüpfungen zu anderen Seiten anbringen kann, die nicht von Einem selbst stammen. Es wäre aber nicht bedienerfreundlich, einfach zu schreiben: »Lieber Betrachter! Du kannst jetzt auch die Seite der Familie Dellwig ansehen, wenn Du http://www.dellwig.de/ einträgst.« Dafür haben Sie ja den Browser und die Sprache HTML. Man kann dem Attribut `HREF` nämlich einfach eine ganze Adresse zuweisen. Wenn Sie es selbst ausprobieren möchten, können Sie den folgenden Text einfach wieder an das Ende des Körpers Ihrer Datei »index.htm« schreiben:

```
Wer <A HREF="http://www.dellwig.de/">hier</A>

klickt, kann die Familie Dellwig besuchen.<BR>
```

Jetzt genügt ein Mausklick, und schon sind Sie da, wo Sie hin wollen.

Telnet-Verbindungen einbinden

Da im Internet nicht nur das World Wide Web mit den Homepages vertreten ist, sondern auch andere Dienste angeboten werden, ist es nicht ausreichend, wenn man nur zwischen Seiten wechseln kann. Ein beliebter Dienst ist das »*Telnet*«. Man kann sich hier in einen anderen Rechner einwählen und dort direkt Befehle ausführen oder Programme ablaufen lassen. Das bietet unter anderem auch die Möglichkeit, Spiele zu erstellen, an denen mehrere Anwender gleichzeitig teilnehmen, obwohl sie in ganz anderen Ländern am Computer sitzen. Oder eine andere Möglichkeit wäre, online Flughäfen abzufragen, ob eine Maschine gelandet ist.

Da man den Dienst Telnet auch mit Adressen ansprechen muss, kann man ganz einfach Verknüpfungen erstellen. Man sollte dem Browser nur mitteilen, dass es sich um Telnet und nicht mehr um das Protokoll HTTP handelt. Insgesamt sieht das dann zum Beispiel so aus:

```
Wer gerne Abenteuer erlebt, kann hier im

<A HREF="telnet://mg.mud.de">MorgenGrauen</A>

mitspielen.<BR>
```

Wenn Sie diesen Text wie gewohnt in »index.htm« einfügen, können Sie jetzt über die Verknüpfung »MorgenGrauen« an dem gleichnamigen Spiel teilnehmen. Dazu startet der Browser ein Telnet-Programm.

▶ Achtung

Wenn der Browser bei Ihnen allerdings nur die Fehlermeldung ausgibt, dass er die Anwendung nicht finden konnte, dann sollten Sie ein Telnet-Programm einfügen. Beim Netscape geht das unter dem Menüpunkt Optionen / Allgemeine Einstellungen / Anwendungen. (Windows 95/98 liefert dieses Programm in C:\WINDOWS\TELNET.EXE *mit.) Der Microsoft Internet Explorer verfügt von Hause aus über dieses Programm.*

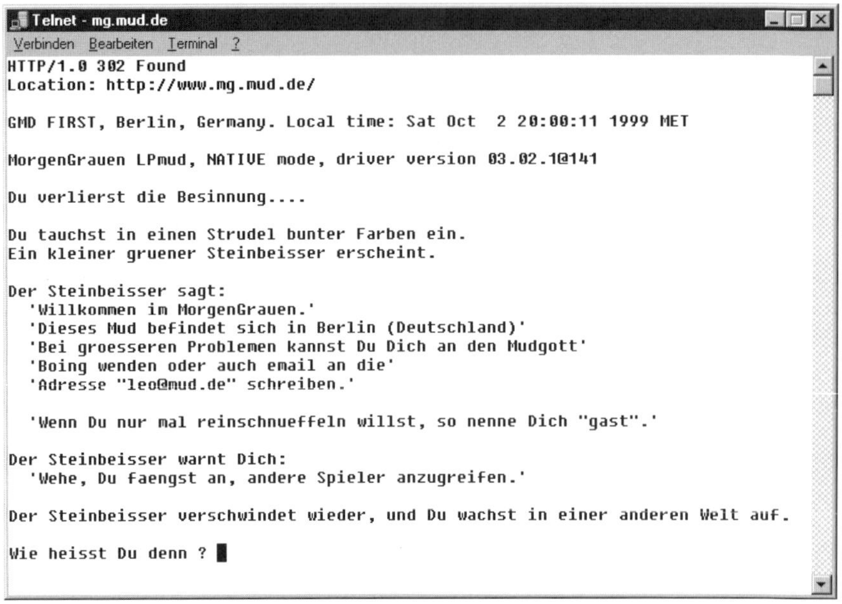

Wenn diese Anwendung erfolgreich geöffnet wurde, baut sie eine Verbindung zu der angegebenen Adresse auf. Hier ist es also »mg.mud.de«. Wenn die Verbindung steht, erscheint ein kurzer Willkommenstext auf dem Bildschirm, und Sie können sich einen Namen und ein Passwort aussuchen und am Spiel teilnehmen. Natürlich gibt es noch viel mehr Adressen, die sich mit nahezu allen denkbaren Themen befassen.

FTP-Verbindungen einbinden

Den Begriff »FTP« (File Transfer Protocol) habe ich ja schon in einem früheren Kapitel erklärt. Dieses Protokoll ist immer dann sinnvoll, wenn man Dateien übertragen möchte. Es gibt im Internet viele Anbieter, die Dateiarchive zur Verfügung stellen und zur Übertragung genau dieses Protokoll anbieten. Wenn man zum Beispiel auf eine Dateiliste einer Softwarefirma zugreifen möchte, könnte die Verknüpfung dann so aussehen:

```
Hier kann man die aktuellen Programme von
<A HREF="ftp://ftp.microsoft.com">Microsoft</A>
einsehen. <BR>
```

Der Browser wählt sich unter der angegebenen Adresse mit einem so genannten *Gastzugang* ein und zeigt dann die Dateiliste an. Beim Internet Explorer sieht das dann so aus:

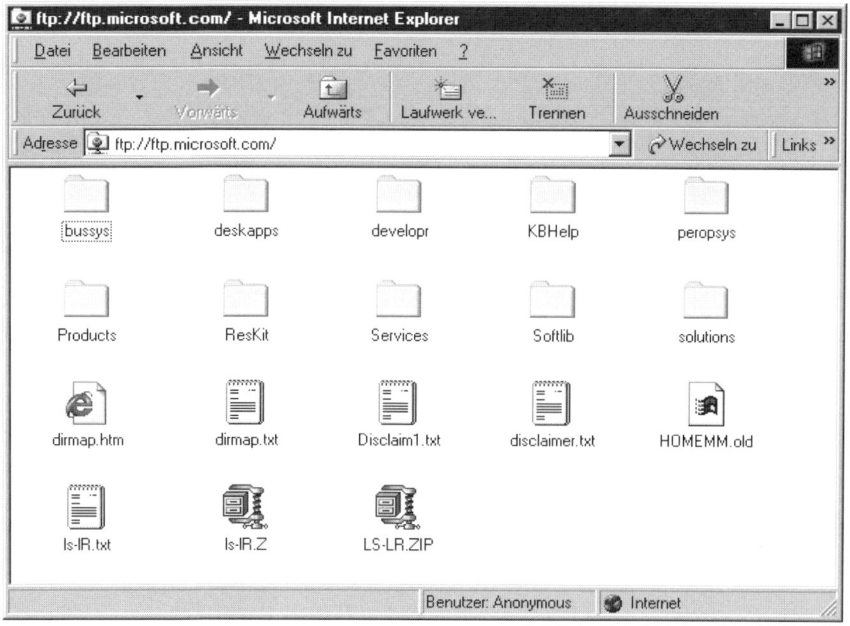

Hier kann man wie in einem Dateimanager durch Ordner wechseln und auch Dateien empfangen, wenn man sie einfach anklickt. Der Netscape kann auch FTP-Server ansprechen. Dort erscheint folgendes Bild:

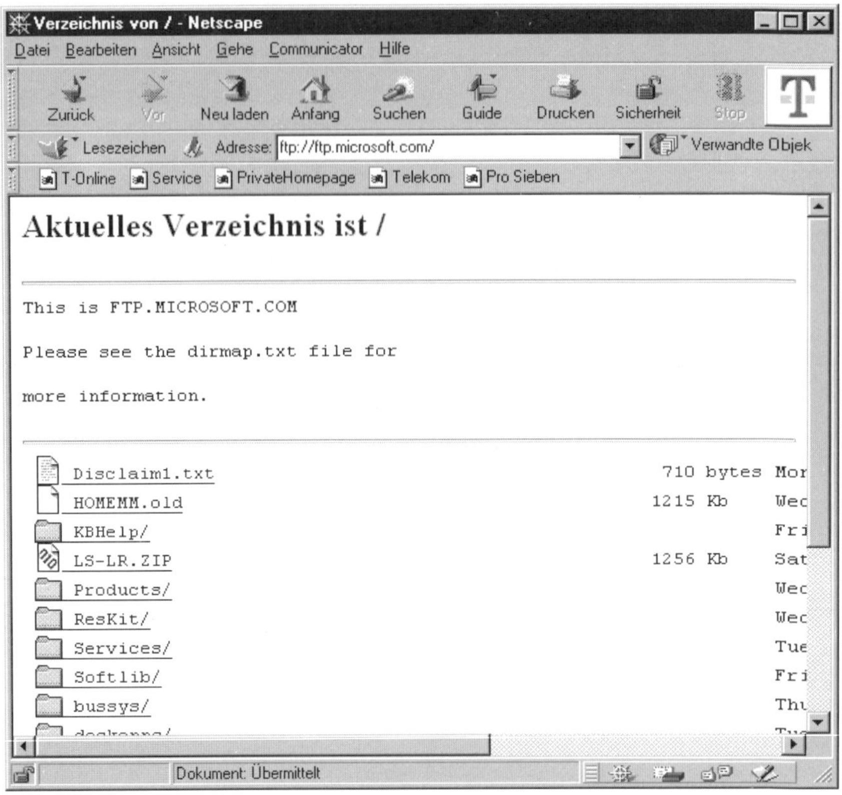

E-Mail-Adressen einbinden

Was wäre das Internet ohne elektronische Post (*E-Mail*)? Auch dafür gibt es eine Alternative zur einfachen Angabe Ihrer E-Mail-Adresse im Text. Sie können nämlich eine Verknüpfung zu Ihrer persönlichen E-Mail-Adresse so angeben:

```
Hier kann man eine
<A HREF="mailto:Ingo@Dellwig.de">Mail</A>
an den Autor dieses Buches senden.<BR>
```

Probieren Sie es einfach mal aus, und lassen Sie mich wissen, ob bisher alles funktioniert hat.

Innerhalb einer Seite verknüpfen

Manchmal kommt es vor, dass man eine lange Liste veröffentlichen möchte. Dann ist es für den Anwender hilfreich, wenn er gezielt an bestimmte Stellen dieser Liste springen kann. Deshalb kann für die Marke `<A>` das Attribut `NAME` angegeben werden. Eine alphabetisch sortierte Liste könnte diesen Eintrag enthalten:

```
<A NAME="M">M</A>
```

Nach dieser Zeile sollten alle Eintragungen in der Liste folgen, die mit einem »M« beginnen. Der Buchstabe »M« wird auf der Seite später nicht als Verknüpfung erkennbar sein. Deshalb kann man ihn nicht anklicken. Er dient lediglich als Zielpunkt für diese Verknüpfung:

```
<A HREF="#M">Hier gelangen Sie zum ersten Eintrag, der mit M
beginnt.</A>
```

Wenn Sie diese Verknüpfung anklicken, gelangen Sie zum vorher definierten Zielpunkt. Damit ist es dann möglich, durch lange Seiten schnell zu navigieren.

Wie erstellt man Listen?

Es kommt oft vor, dass man Aufzählungen in der Homepage sichtbar machen will. Das kann bei Hobbies anfangen und bei einer Produktpalette aufhören. Hier spricht man dann von Listen.

Ungeordnete Listen erzeugen

Sie haben ja bereits im zweiten Kapitel eine Einkaufsliste erstellt. Dazu haben Sie einfach die einzelnen Elemente der Liste untereinander geschrieben und mit einem Minuszeichen verdeutlicht, dass es sich wirklich um eine Liste handelt. Wenn Sie jetzt aber eine Aufzählung realisieren möchten, in der jedes einzelne Element aus mehrzeiligem Text bestehen kann, können Sie mit einem normalen Minuszeichen als Aufzählungszeichen nicht mehr viel anfangen, da Sie für eine optimale Formatierung an den Anfang der zweiten Zeile eines Elementes zwei Leerzeichen voranstellen müssten. Dafür wäre auch eine manuelle Abzählung der Buchstaben notwendig, denn Sie müssten ja immer einen Zeilenumbruch erzwingen. Woher sollten Sie sonst wissen, wo die Leerzeichen stehen müssen? Da jeder Browser aber eine andere Seitenbreite realisieren kann, ist dieses Vorgehen in jedem Fall ein Kompromiss. In HTML gibt es aber eine einfache Lösung. Sie heißt »ungeordnete Liste«.

Nehmen Sie einmal an, Sie möchten eine Tagesordnung in einem HTML-Dokument verwirklichen. Hier können ja die Elemente ohne weiteres aus mehreren Zeilen bestehen.

1. Sie müssen also erst einmal dem Browser mitteilen, dass jetzt so eine Liste folgt. Dafür ist die Marke <UL> zuständig. Sie gibt zusammen mit der Endmarke </UL> an, wo diese Liste beginnt und endet.

2. Woher soll der Browser nun aber wissen, wann ein neues Element beginnt? Auch dafür gibt es eine eigene Marke. Sie heißt <LI>. Sie können nun also die Tagesordnung so erstellen:

```
<HTML>
<HEAD>
<TITLE>Tagesordnung</TITLE>
</HEAD>
<BODY>
<H1>Tagesordnung</H1>
```

```
Auf dem Programm der Jahreshauptversammlung stehen diesmal die fol-
genden Punkte.<BR>
<UL>
<LI><B>Begrüßung</B> durch den ersten Vorsitzenden Herrn Mustermann.
<LI><B>Bericht</B> des Kassenwartes Herrn Geldgier über die Einnahmen
und Ausgaben des vergangenen Jahres. Er wird auch über die finanziel-
len Möglichkeiten für den diesjährigen Vereinsausflug berichten.
<LI><B>Neuwahl</B> des ersten Vorsitzenden. Zur Wahl stehen dieses
Jahr diese Kandidaten:
<UL>
<LI>Herr Kannix
<LI>Frau von Und-Zu
<LI>Herr Wohlgenährt
<LI>Frau Zimperlich
</UL>
Herr Mustermann steht nicht mehr zur Wahl!
<LI><B>Gemütliches Beisammensein</B>
<LI><B>Verabschiedung</B> durch den/die neue(n) Vorsitzende(n).
</UL>
</BODY>
</HTML>
```

Im Browser sieht das dann so aus:

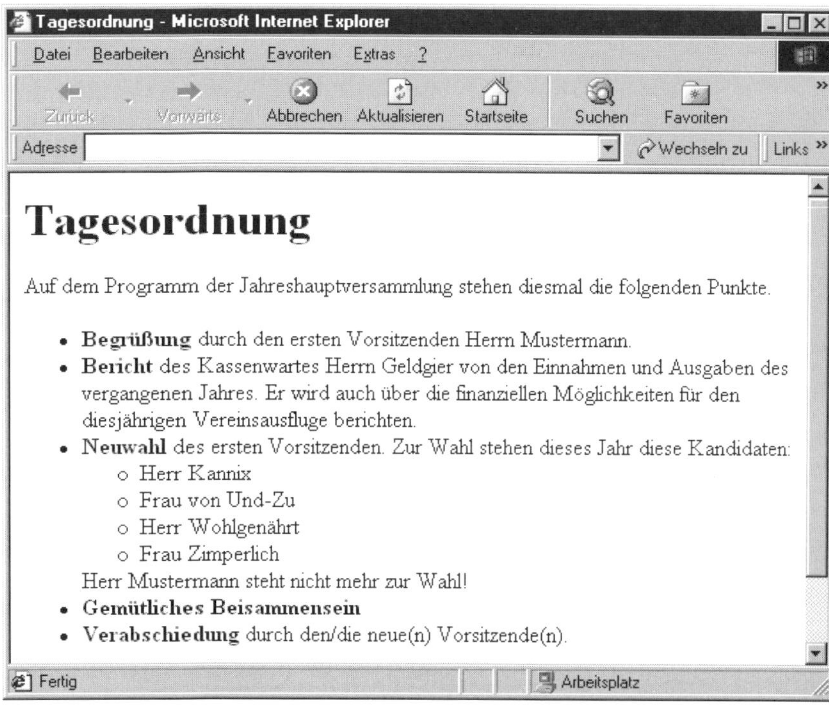

Wenn Sie diese Seite zum Beispiel unter »tagesord.htm« abspeichern und danach mit einem Browser betrachten, stellen Sie fest, dass alle Listenelemente exakt formatiert angezeigt werden. Auch die Verwendung der Liste in der Liste wird akzeptiert.

Geordnete Listen erstellen

Die ungeordneten Listen sind also recht einfach zu handhaben. Was ist nun aber eine »geordnete Liste«? Stellen Sie sich einmal vor, Sie wollen nicht nur eine Aufzählung mit gleichen Aufzählungszeichen, sondern Sie benötigen eine Liste, die durchnummeriert ist. Dann wäre das genau der richtige Zeitpunkt, eine geordnete Liste einzusetzen. Als Beispiel können Sie einfach in der gerade angelegten Datei »tagesord.htm« die erste Marke für die ungeordnete Liste `<UL>` durch die Marke `<OL>` der geordneten Liste ersetzen. Damit wären dann alle Punkte der Tagesordnung durchnummeriert.

Wenn Sie keine Zahlen mögen, steht Ihnen bei vielen Browsern auch die Möglichkeit offen, die Nummerierung zu ändern. Sie können dazu das Attribut `TYPE` verwenden. Es kann die folgenden Werte haben:

Wert	Ergebnis
1	1, 2, 3, 4, 5, 6, ...
A	A, B, C, D, E, F, ...
a	a, b, c, d, e, f, ...
I	I, II, III, IV, V, VI, ...
i	i, ii, iii, iv, v, vi, ...

Nun kann es aber auch sein, dass Ihre Liste nicht mit der Nummer Eins, sondern zum Beispiel mit der Nummer Neun beginnen soll. Hier hilft dann das Attribut START. Mit diesen beiden neuen Attributen könnte man also folgenden HTML-Text erstellen:

```
<OL TYPE="I" START=9>

<LI>Nummer 9

<LI>Nummer 10

<LI>Nummer 11

</OL>
```

Hier wird dargestellt, wie die Zahlen Neun bis Elf im römischen Zahlenformat aussehen.

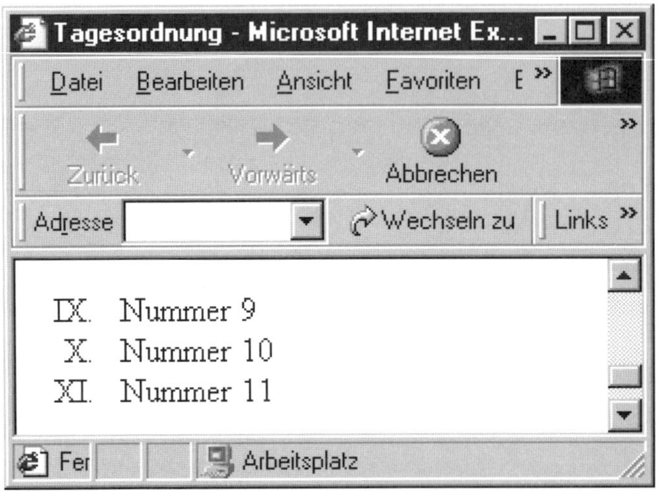

Wie Sie sehen, ist es tatsächlich möglich, mehrere Attribute in einer Marke anzuwenden. Eine weitere Besonderheit ist, dass man Zahlen auch ohne Anführungszeichen einem Attribut zuweisen kann.

Wie erzeugt man Tabellen?

Wenn man Text besonders formatieren möchte oder große Zahlenmengen übersichtlich darstellen möchte, kommt man nicht um Tabellen herum.

Der Tabellenaufbau

Ein großer Vorteil von HTML ist, dass man recht einfach solche Tabellen erstellen kann. Wenn man zum Beispiel irgendwelche Daten, die aus vielen Zahlen bestehen, an den Betrachter der Seite weitergeben möchte, sollte man diese möglichst anschaulich darstellen. Soll der Browser erkennen, dass eine Tabelle anfängt, muss man die Marke <TABLE> setzen. Am Ende der Tabelle wird natürlich dann die Endmarke </TABLE> erwartet. Eine Tabelle ist ein relativ komplexes Gebilde, dessen Erscheinungsbild durch mehrere Attribute beeinflusst werden kann.

1. Das Attribut `BORDER` gibt zum Beispiel die Breite des Tabellenrahmens an. Wenn man hier eine Null verwendet, wird die Tabelle über keinen Rahmen verfügen. Die Standardeinstellung für `BORDER` ist Null.

2. Mit `CELLPADDING` kann man angeben, wie viele Punkte der Tabellentext vom Zellenrand entfernt sein soll.

3. `CELLSPACING` gibt dagegen an, wie weit die Zellen selbst voneinander getrennt sind.

4. Außerdem kann man mit `WIDTH` angeben, wie breit die Tabelle insgesamt werden soll. Hier kann man sowohl einen absoluten Wert in Punkten als auch den Prozentanteil der Breite des Bildschirms angeben.

5. Man kann natürlich auch die Höhe festlegen. Diese wird wie `WIDTH` verwendet, muss aber dem Attribut `HEIGHT` zugewiesen werden.

Hier ein paar Beispiele:

```
<TABLE>
```

Eine Tabelle, die so beginnt, hat keinen Rahmen. Der Text würde nur wie in einer Tabelle formatiert werden. Die einzelnen Elemente wären nicht einmal durch Linien voneinander getrennt.

```
<TABLE BORDER=1 CELLPADDING=5 WIDTH=100>
```

Diese Tabelle wird mit einem Rahmen versehen, der die kleinste Breite hat. Der Text hat überall einen Abstand von fünf Punkt zu den Trennlinien, und die Tabelle wird insgesamt genau 100 Punkt breit.

```
<TABLE BORDER=10 CELLSPACING=10 WIDTH=50%>
```

Diese Tabelle erhält einen breiten Rahmen. Jede Zelle ist 10 Punkt von der nächsten entfernt. Die ganze Tabelle nimmt die Hälfte der Breite des Browsers ein.

Daten eintragen

Jetzt können Sie zwar schon die Form der Tabelle angeben, aber wie kommen die Daten nun eigentlich in die Tabelle? Da Sie von links nach rechts und von oben nach unten schreiben, ist es sinnvoll, auch bei der Erstellung einer Tabelle zeilenweise vorzugehen. Jede Zeile in einer Tabelle wird mit der Marke <TR> (table row) begonnen. Da jede Zeile mehrere Einträge hat, werden diese durch die Marke <TD> (table data) getrennt. Wenn ein Element eine Tabellenüberschrift enthalten soll, verwendet man statt dessen die Marke <TH> (table header). Eine Tabelle könnte also so aussehen:

```
<TABLE BORDER=1>

<TR><TH>Nr.

    <TH>Name

    <TH>Vorname

    <TH>Straße

<TR><TD>1

    <TD>Kannix

    <TD>Konstantin

    <TD>Am Ufer 19

<TR><TD>2

    <TD>von Und-Zu

    <TD>Ulrike

    <TD>Schloßallee 1

<TR><TD>3

    <TD>Wohlgenährt

    <TD>Walter

    <TD>Berliner Straße 108

<TR><TD>4

    <TD>Zimperlich
```

```
    <TD>Cicilie
    <TD>Marktplatz 10
</TABLE>
```

Der Internet Explorer macht daraus diese Tabelle:

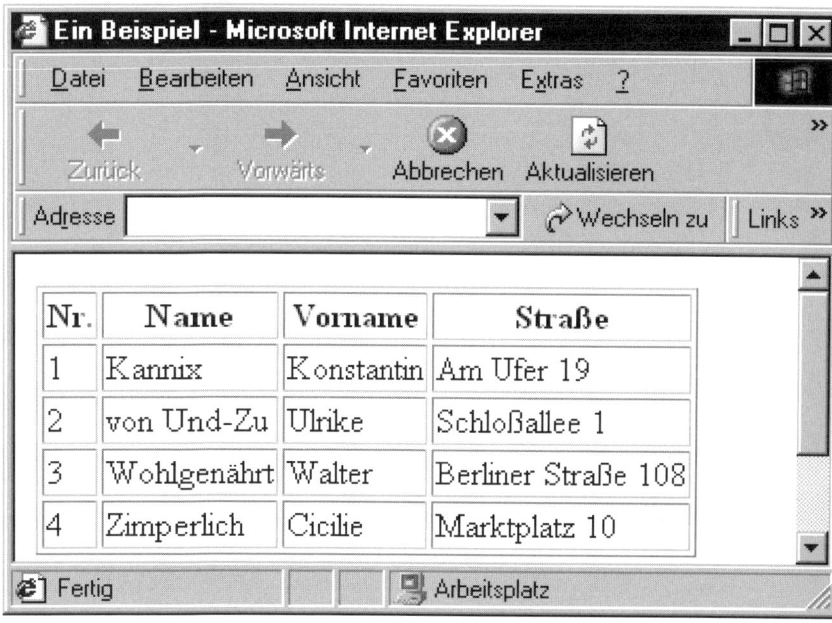

Nr.	Name	Vorname	Straße
1	Kannix	Konstantin	Am Ufer 19
2	von Und-Zu	Ulrike	Schloßallee 1
3	Wohlgenährt	Walter	Berliner Straße 108
4	Zimperlich	Cicilie	Marktplatz 10

Wie Sie sicher schon gemerkt haben, handelt es sich hier um die Kandidaten der Wahl zum Vereinsvorsitzenden aus dem Beispiel für Listen.

Tabellen formatieren

Sie möchten nun zusätzlich noch den ehemaligen Vorsitzenden Herrn Mustermann aufnehmen und vermerken, dass er nicht mehr zur Wahl steht. Diese Anmerkung möchten Sie in der Zeile über seinen Daten anbringen. Wenn Sie den Text einfach in eine Zelle schreiben, hat diese nur die Größe einer Spalte. Sie wollen aber, dass die Anmerkung über die letzten drei Spalten verläuft. Dafür gibt es eigens ein Attribut. Mit `COLSPAN` kann man die Anzahl der Spalten angeben, über die sich eine Zelle erstrecken soll. Dieses Attribut wird also in die Marke `<TD>` beziehungsweise auch `<TH>` eingefügt. Sie können also Ihre Tabelle um die folgenden Zeilen erweitern:

```
<TR><TD><TD COLSPAN=3>Nicht zur Wahl steht heute:
<TR><TD>
    <TD>Mustermann
```

```
    <TD>Max
    <TD>Musterstra&szlig;e 999
```

Man kann hier auch erkennen, dass man Zellen überspringen kann, wenn man einfach keinen Text angibt. Da es möglich ist, mehrere Spalten zusammenzufassen, kann ein Element natürlich auch mehrere Zeilen umschließen. Hier wird das Attribut ROWSPAN eingesetzt. Zur Demonstration fügen Sie zusätzlich noch ein Ausrufungszeichen vor den beiden neuen Tabellenzeilen ein. Das würde dann so aussehen:

```
<TR><TH ROWSPAN=2>!<TD COLSPAN=3>Nicht zur Wahl steht heute:
<TR><TD>Mustermann
    <TD>Max
    <TD>Musterstraße 999
```

Der Browser zeigt Folgendes an:

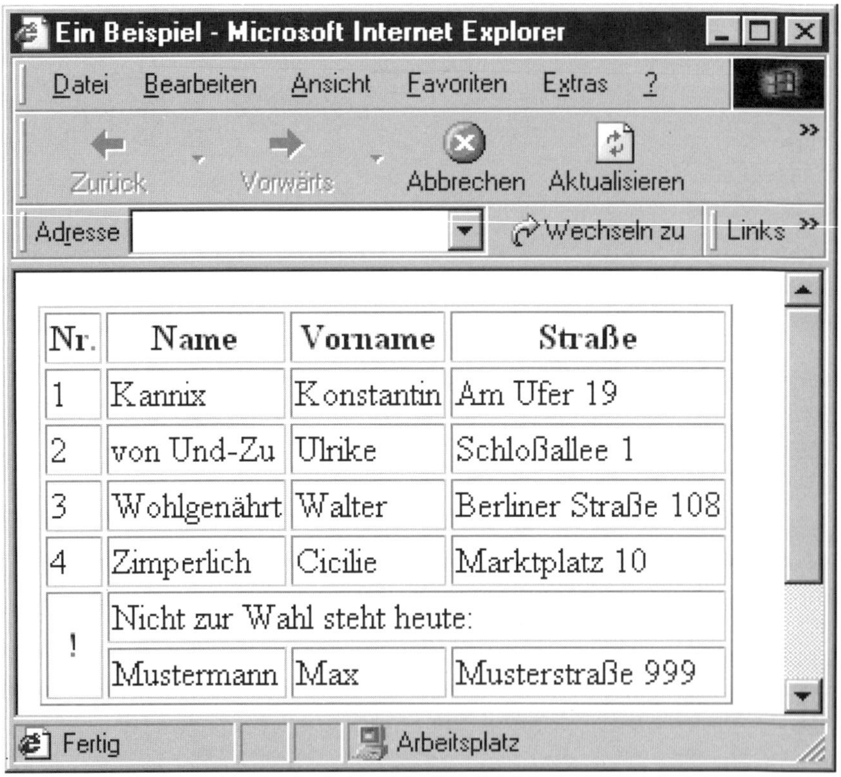

Das sieht so doch schon ganz gut aus, oder? Sie können nun schon fast alle Funktionen einer Tabelle kontrollieren. Eines habe ich aber noch nicht erwähnt. Sie haben bestimmt schon festgestellt, dass sich die Breite der Spalten nach dem darin enthaltenen Text berechnet. Sie werden allerdings oft Tabellen mit gleich breiten Spalten benötigen. Deshalb kann man für die einzelnen Spalten die Breite angeben. Am einfachsten ist es, wenn Sie das Attribut WIDTH, das Sie schon bei der gesamten Tabellenbreite eingesetzt haben, in der ersten Tabellenzeile in jeder Zelle definieren. Dadurch können Sie alle Spalten in der Breite festlegen. Sie können ebenfalls das Attribut HEIGHT in den ersten Zellen einer Zeile verwenden, um deren Höhe festzulegen.

Text in Tabellen ausrichten

Da Sie für das Ausrufungszeichen die Überschriftenmarke <TH> verwendet haben, wurde es sowohl horizontal als auch vertikal zentriert. Wie macht man so etwas eigentlich mit normalem Text in Tabellen? Sie können natürlich in jeder Tabellenzelle die Marke <CENTER> verwenden, um den Text auf der horizontalen Achse zu zentrieren. Es geht auch einfacher! Man kann für eine Tabellenzeile, aber auch für einzelne Zellen, das Attribut ALIGN definieren. Es kann folgende Werte annehmen:

Wert	**Auswirkung**
LEFT	Der Text wird linksbündig ausgerichtet.
CENTER	Der Text wird zentriert.
RIGHT	Der Text wird rechtsbündig ausgerichtet.

Für die Ausrichtung an der vertikalen Achse ist das Attribut VALIGN zuständig. Man kann es mit diesen Werten verwenden:

Wert	**Auswirkung**
TOP	Der Text wird am oberen Rand der Zelle ausgerichtet.
MIDDLE	Der Text wird vertikal zentriert.
BOTTOM	Der Text wird am unteren Rand der Zelle ausgerichtet.

Testen Sie diese neuen Kenntnisse einmal aus:

```
<TABLE BORDER=1>
<TR VALIGN="TOP">
<TD WIDTH=150 HEIGHT=150 ALIGN="LEFT">Top Left
<TD WIDTH=150 ALIGN="CENTER">Top Center
<TD WIDTH=150 ALIGN="RIGHT">Top Right
<TR VALIGN="MIDDLE">
<TD ALIGN="LEFT" HEIGHT=150>Middle Left
<TD ALIGN="CENTER">Middle Center
<TD ALIGN="RIGHT">Middle Right
```

```
<TR VALIGN="BOTTOM">
<TD ALIGN="LEFT" HEIGHT=150>Bottom Left
<TD ALIGN="CENTER">Bottom Center
<TD ALIGN="RIGHT">Bottom Right
</TABLE>
```

Hier das Ergebnis:

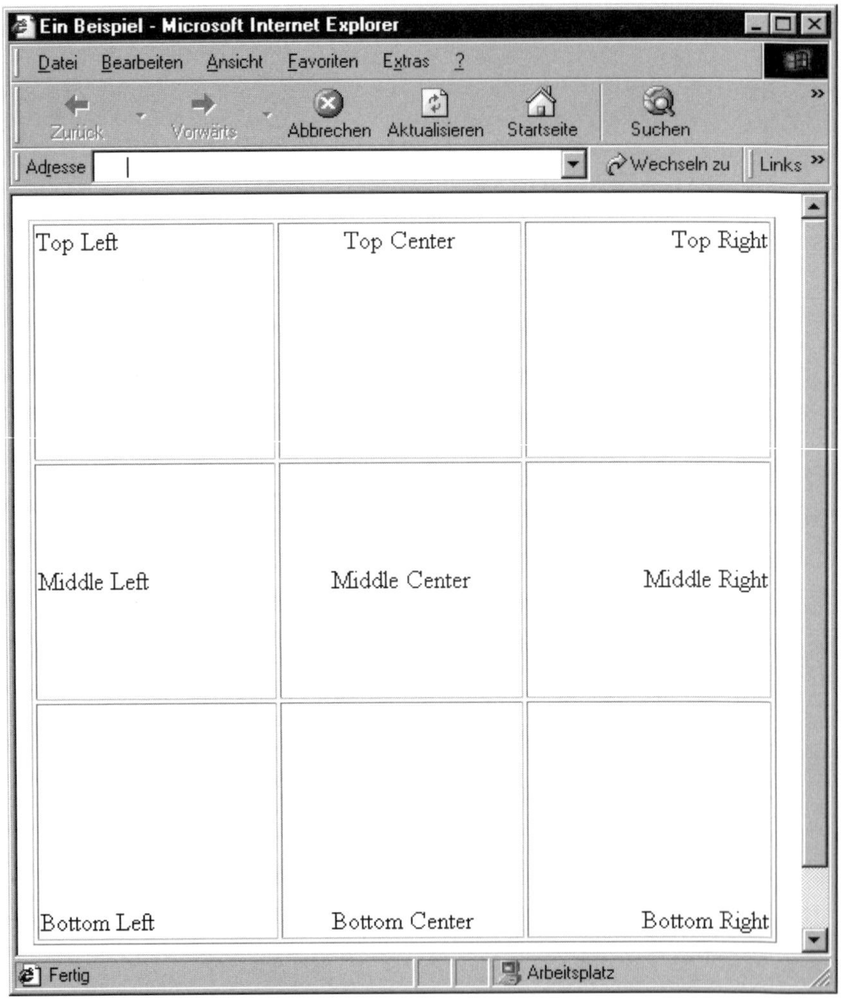

Ich habe hier die Werte der Attribute abgekürzt. »TL« heißt zum Beispiel `VALIGN="TOP"` und `ALIGN="LEFT"`. Wie Sie sehen, kann man mit diesen Befehlen Text in jede Ecke einer Zelle ausrichten.

Wie gestaltet man das Schriftbild?

Sie haben ja bereits im zweiten Kapitel einige Möglichkeiten kennengelernt, wie man Textpassagen hervorheben kann. Da es aber relativ langweilig ist, alles in der gleichen Schriftgröße und in derselben Schriftart zu schreiben, gibt es einige weitere nützliche Möglichkeiten, das Textbild zu verändern.

Die Schriftgröße ändern

Man muss natürlich irgendwie die Abschnitte kennzeichnen, die anders gestaltet werden sollen. Dafür ist die Marke <FONT> zuständig. Man kann ihr unter anderem das Attribut SIZE zuordnen, das Werte von eins bis sieben annehmen kann. Wenn man einfach eine Zahl angibt, wird der Text in dieser Schriftgröße ausgegeben.

> **Tipp**
>
> Wenn man nicht immer nachsehen will, welche Größe gerade verwendet wird, man aber auf jeden Fall eine kleinere Schriftgröße benötigt, kann man auch ein Vorzeichen setzen.

```
<FONT SIZE=-2>
```

Diese Marke würde also eine Schrift erzeugen, die um zwei Größen kleiner ist als die zuvor verwendete. Wenn Sie eine größere Schrift benötigen, können Sie natürlich auch den umgekehrten Weg gehen, zum Beispiel:

```
<FONT SIZE=+3>
```

Damit Sie nicht den ganzen Körper Ihrer Seite mit den Marken <FONT> und </FONT> umschließen müssen, können Sie auch am Anfang einfach eine Standardschrift mit <BASEFONT> festlegen. Ein kleines Beispiel könnte also so aussehen:

```
<BODY>

<BASEFONT SIZE=3>

Dieses ist jetzt die Standardschrift.<BR>

<FONT SIZE=-3>0</FONT>

<FONT SIZE=-2>1</FONT>

<FONT SIZE=-1>2</FONT>
```

```
<FONT SIZE=+0>3</FONT>
<FONT SIZE=+1>4</FONT>
<FONT SIZE=+2>5</FONT>
<FONT SIZE=+3>6</FONT>
<FONT SIZE=+4>7</FONT>
<FONT SIZE=+5>8</FONT>
</BODY>
```

Hier die Ausgabe:

Hier können Sie schnell erkennen, dass wirklich nur die Werte eins bis sieben sinnvoll sind, denn die Null stimmt mit der Eins überein, des weiteren sind die Ziffern Sieben und Acht auch gleich groß.

Die Schriftarten verändern

Ein weiteres Attribut, welches das Aussehen einer Seite wesentlich verbessern kann, ist FACE. Es erlaubt die Angabe einer Schriftart. Diese Funktion wird allerdings leider noch nicht von allen Browsern unterstützt, aber wenn Sie den Microsoft Internet Explorer verwenden, können Sie auf jeden Fall auf diese Art die Schriftarten auswählen.

```
<FONT FACE="Arial">
```

Ein Textabschnitt, der so beginnt, wird in der Schriftart »Arial« angezeigt. Diese muss allerdings auf dem Rechner des Betrachters installiert sein. Deshalb können Sie auch mehrere Schriftarten angeben, denn der Browser sucht diese dann der Reihe nach durch. Sobald er eine angegebene Schriftart findet, verwendet er sie. Man kann also folgende Seite erstellen:

```
<BODY>
<BASEFONT FACE="Arial, Times New Roman" SIZE=5>
<CENTER>Die Standardschriftart ist hier Arial, aber man kann sie ganz
schnell in
<FONT FACE="Irgendeine Schrift, Times, Times New Roman">Times umwan-
deln.</FONT>!<P>
<FONT FACE="Courier, Courier New">Schreibmaschinenschrift ist übri-
gens auch schnell verfügbar.</FONT><P>
<FONT SIZE=-3>Hier noch etwas Kleingedrucktes.</FONT>
</CENTER>
</BODY>
```

An diesem Beispiel kann man gut erkennen, wie man mit verschiedenen Schriftarten umgehen kann. Sie haben aber bestimmt noch mehr Fantasie. Lassen Sie Ihrer Kreativität freien Lauf. Bei den Wörtern »Times umwandeln« hat der Browser die Schriftart »Irgendeine Schrift« nicht gefunden und deshalb die zweite »Times« verwendet.

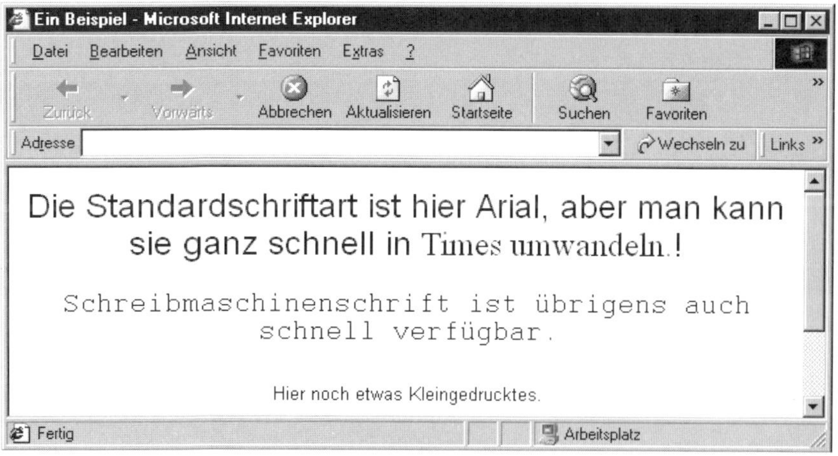

Wenn Sie ganz sichergehen wollen, dass Ihre Seite richtig angezeigt wird, können Sie die verwendeten Schriftarten auch mit Ihrer Homepage hochladen und eine Verknüpfung darauf verweisen lassen. So kann der Betrachter diese Dateien dann herunterladen und die Schriftarten installieren. Sie erkennen Schriftarten an der Dateiendung .TTF oder .FON.

Wie macht man alles farbiger?

Irgendwie war alles, was Sie bisher entworfen haben, ziemlich farblos. Es wird langsam Zeit, dass etwas Farbe ins Spiel kommt, oder? Zuerst werden Sie einmal untersuchen, wie ein Computer Farben darstellt.

Wie werden Farben erzeugt?

Eine Farbe kann man in drei Grundfarben zerlegen. Da der Monitor Licht ausstrahlt, handelt es sich hier um die Grundfarben der additiven Farbmischung. Diese sind Rot, Grün und Blau. Wenn man zum Beispiel eine rote, eine grüne und eine blaue Lampe auf einen Punkt richten würde, wäre das Licht, das ankommt, weiß. Wenn man nun die Lampen unterschiedlich hell einstellen könnte, ließen sich fast alle Farben erzeugen. Man kann also eine Farbe anhand der Helligkeit der Anteile Rot, Grün und Blau eindeutig definieren. Man spricht hier von der RGB-Codierung. Jeder Farbanteil kann einen Wert zwischen 0 und 255 haben. Man gibt diese Zahl in der hexadezimalen Schreibweise, also im Sechzehnersystem, an. Hier sind also Werte zwischen 00 und FF möglich. Wenn Sie noch nie in diesem System gerechnet haben, können Sie diese Zahlen zur Orientierung im Anhang finden.

Damit Sie eine ungefähre Vorstellung bekommen, wie welche Farben dargestellt werden, habe ich hier die wichtigsten zusammengestellt:

Farbe	**RGB Codierung**
Schwarz	00 00 00
Weiß	FF FF FF
Rot	FF 00 00
Grün	00 FF 00
Blau	00 00 FF
Gelb	FF FF 00
Braun	99 66 33
Zyan	00 FF FF
Lila	FF 00 FF
Dunkles Lila	80 00 80
Dunkelrot	80 00 00
Dunkelgrün	00 80 00
Dunkelblau	00 00 80

Farbe	RGB Codierung
Hellgrau	C0 C0 C0
Grau	A0 A0 A0
Dunkelgrau	80 80 80

Die Textfarben ändern

Sie haben ja bereits im letzten Kapitel die Marke <FONT> kennengelernt. Hier ist ein weiteres Attribut namens COLOR möglich. Damit können Sie die Textfarbe bestimmen. Viele Browser unterstützen tatsächlich nur die RGB-Kodierung. Deshalb sollten Sie die Farbe auch in dieser Form angeben.

```
<FONT COLOR="#FFFF00">
```

Diese Marke würde also vor einem Text stehen, der gelb angezeigt werden soll. Bitte beachten Sie, dass ein Doppelkreuz »#« vor den Werten der einzelnen Farbanteile stehen muss, damit der Browser erkennt, dass es sich hier um RGB-Kodierung handelt.

Sie haben sicherlich schon gemerkt, dass Verknüpfungen in einer eigenen Farbe dargestellt werden. Diese Farbe kann man selbst auch in der <BODY>-Marke festlegen. Dazu gibt man einfach zu dem Attribut LINK die gewünschte Farbe an. Sie können dem Attribut VLINK auch eine Farbe zuweisen. Diese wird dann für Verknüpfungen verwendet, welche Sie bereits besucht haben. Auch an ALINK kann eine Farbe übergeben werden. Sie wird dann für Links verwendet, die auf die aktuelle Seite zeigen. Ein weiteres Attribut ist TEXT. Sie können ihm die Farbe für normalen Text zuweisen.

```
<BODY TEXT="#FFFFFF" LINK="#00FF00" VLINK="FF0000" ALINK="0000FF">
```

Wenn ein Körper so beginnt, wird normaler Text in Weiß, Verknüpfungen in Grün, besuchte Verknüpfungen in Rot und Verknüpfungen auf diese Seite selbst in Blau angezeigt.

Die Hintergrundfarbe festlegen

Wenn Sie den normalen Hintergrund nicht mögen, können Sie ganz einfach Ihre Lieblingsfarbe wählen. Sie wird wieder in der Marke <BODY> definiert und muss dem Attribut BGCOLOR zugewiesen werden.

```
<BODY BGCOLOR="#FFBBBB">
```

▶ Tipp

Diese Seite erhält also einen Hintergrund in der Farbe Rosa. Man kann sogar den Hintergrund für einzelne Tabellenzellen definieren, indem man das Attribut BGCOLOR in die Marke <TD> für den Tabelleninhalt einfügt. Damit kann man also eine Tabelle erzeugen, welche die wichtigsten Farben und ihre RGB-Kodierung darstellt.

Der Quellcode für diese Tabelle sieht dann zum Beispiel so aus:

```
<TABLE BORDER=5>
<TR><TD BGCOLOR="#FFFFFF"><FONT COLOR="#000000">
Schwarz</FONT><TD>00 00 00
<TD BGCOLOR="#000000"><FONT COLOR="#FF00FF">
Lila</FONT><TD>FF 00 FF
<TR><TD BGCOLOR="#000000"><FONT COLOR="#FFFFFF">
Weiß</FONT><TD>FF FF FF
<TD BGCOLOR="#FFFFFF"><FONT COLOR="#800080">
dunkles Lila</FONT><TD>80 00 80
<TR><TD BGCOLOR="#000000"><FONT COLOR="#FF0000">
Rot</FONT><TD>FF 00 00
<TD BGCOLOR="#FFFFFF"><FONT COLOR="#800000">
Dunkelrot</FONT><TD>80 00 00
<TR><TD BGCOLOR="#000000"><FONT COLOR="#00FF00">
Grün</FONT><TD>00 FF 00
<TD BGCOLOR="#FFFFFF"><FONT COLOR="#008000">
Dunkelgrün</FONT><TD>00 80 00
<TR><TD BGCOLOR="#000000"><FONT COLOR="#0000FF">
Blau</FONT><TD>00 00 FF
<TD BGCOLOR="#FFFFFF"><FONT COLOR="#000080">
Dunkelblau</FONT><TD>00 00 80
<TR><TD BGCOLOR="#000000"><FONT COLOR="#FFFF00">
Gelb</FONT><TD>FF FF 00
<TD BGCOLOR="#000000"><FONT COLOR="#C0C0C0">
Hellgrau</FONT><TD>C0 C0 C0
<TR><TD BGCOLOR="#000000"><FONT COLOR="#996633">
Braun</FONT><TD>99 66 33
<TD BGCOLOR="#000000"><FONT COLOR="#A0A0A0">
Grau</FONT><TD>A0 A0 A0
<TR><TD BGCOLOR="#000000"><FONT COLOR="#00FFFF">
```

```
Zyan</FONT><TD>00 FF FF
<TD BGCOLOR="#000000"><FONT COLOR="#808080">
Dunkelgrau</FONT><TD>80 80 80
</TABLE>
```

Die fertige Tabelle sieht dann so aus:

Schwarz	00 00 00	Lila	FF 00 FF
Weiß	FF FF FF	dunkles Lila	80 00 80
Rot	FF 00 00	Dunkelrot	80 00 00
Grün	00 FF 00	Dunkelgrün	00 80 00
Blau	00 00 FF	Dunkelblau	00 00 80
Gelb	FF FF 00	Hellgrau	C0 C0 C0
Braun	99 66 33	Grau	A0 A0 A0
Zyan	00 FF FF	Dunkelgrau	80 80 80

Hinweis

Hier erscheinen die Farben leider nur in Graustufen, aber wenn Sie sich das Beispiel mit einem Browser ansehen, kommen sie voll zur Geltung.

Wie baut man Bilder und Grafiken ein?

Mit aktuellen Browsern kann man nicht nur Texte anzeigen, sondern auch Grafiken. Damit können Sie Ihre Homepage auflockern und ihr auch einen professionellen Anstrich geben. Viele Betrachter interessiert zum Beispiel, wie Sie aussehen. Die Möglichkeiten sind fast unbegrenzt.

Grafiken anzeigen lassen

Alle gängigen Browser können Bilder in den Formaten .GIF und .JPG beziehungsweise .JPEG anzeigen. Bevor man Bilder in eine Seite einbindet, sollte man sie möglichst in eines dieser Formate konvertieren, wenn sie noch nicht so vorliegen. Dazu kann man zum Beispiel eine Grafik in ein Zeichenprogramm einladen und einfach in einem der beiden Formate wieder abspeichern. Sie sollten auch beachten, dass die Grafiken nicht zu groß werden, denn es dauert über das Internet immer etwas länger, alle Bilder zu laden. Schauen Sie sich also nach dem Hochladen noch einmal Ihre Seite über eine Internetverbindung an, und entscheiden Sie, ob die Seite schnell genug aufgebaut wird.

Wenn man nun eine Grafik in eine Seite einbinden möchte, muss man die Marke `<IMG>` verwenden. Darin fügt man dem Attribut `SRC` den Namen der Grafik an. Das würde also zum Beispiel so aussehen:

```
<IMG SRC="ein_bild.gif">
```

Wenn man ein Bild verwenden möchte, das irgendwo auf einem ganz anderen Rechner liegt, kann man auch eine komplette Adresse angeben:

```
<IMG SRC="http://www.firma.de/verzeichnis/ein_bild.gif">
```

Wie wir wissen, sind ältere Browser noch nicht grafikfähig. Speziell für diese Programme kann man das Attribut `ALT` hinzufügen. Man kann ihm einen Text zuordnen, der bei den alten Browsern anstelle des Bildes angezeigt wird.

```
<IMG SRC="ein_bild.gif" ALT="Bild">
```

Hier würde also in einem modernen Browser die Grafik »ein_bild.gif« angezeigt. Ein alter Browser, der keine Bilder anzeigen kann, würde nur das Wort »Bild« ausgeben. Neue Browser zeigen den Text des ALT-Attributes an, wenn man die Maus über das Bild fährt und sie etwa zwei Sekunden nicht bewegt. So kann man also zusätzliche Informationen zu Bildern und Grafiken einbinden, die nicht auf Anhieb sichtbar sind, aber trotzdem abgerufen werden können. Dies ist z.B. sinnvoll, wenn die grafische Gestaltung durch Text unnötig gestört würde.

Grafiken ausrichten

In vielen Fällen möchte man ein Bild in eine Seite einbauen und trotzdem Text direkt daneben anzeigen lassen. Dabei empfiehlt es sich, die Ausrichtung des Textes zum Bild festzulegen. Dafür ist das Attribut `ALIGN` der Marke `<IMG>` zuständig. Es kann drei Werte annehmen:

Wert	Auswirkung
`TOP`	Der Text wird am oberen Rand des Bildes ausgerichtet.
`MIDDLE`	Der Text wird zur Mitte des Bildes ausgerichtet.
`BOTTOM`	Der Text wird am unteren Rand des Bildes ausgerichtet.

Sie sehen, dass nicht das Bild zum Text, sondern der Text zum Bild ausgerichtet wird. Zur Demonstration des `ALIGN`-Attributes können Sie die folgende Seite anzeigen lassen:

```
<BODY>
<IMG SRC="ein_bild.gif" ALIGN="TOP">
Dieser Text wird am oberen Rand des Bildes ausgerichtet.<P>
<IMG SRC="ein_bild.gif" ALIGN="MIDDLE">
Dieser Text wird zur Mitte des Bildes ausgerichtet.<P>
<IMG SRC="ein_bild.gif" ALIGN="BOTTOM">
Dieser Text wird am unteren Rand des Bildes ausgerichtet.<P>
</BODY>
```

Diese Seite wird so aussehen:

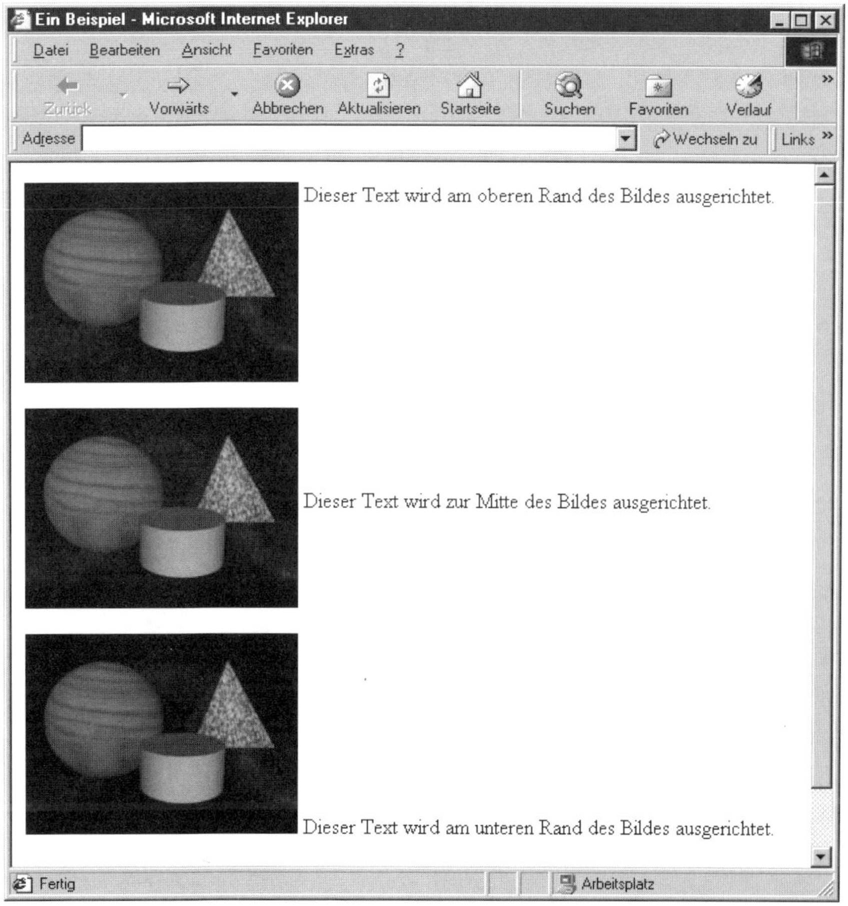

Wenn man aber das Fenster des Browsers verkleinert, passiert Folgendes:

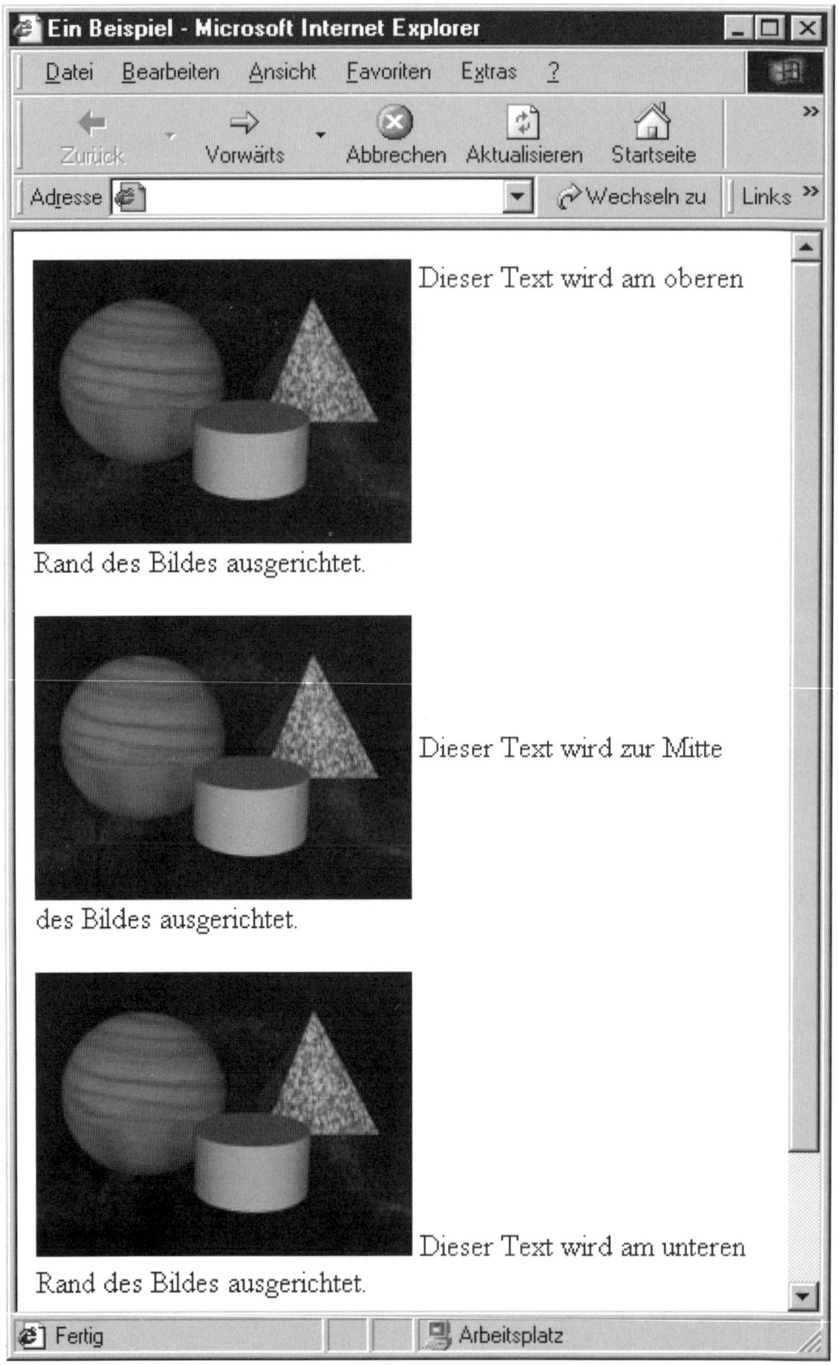

Achtung

Der Text wird nicht mehr komplett neben dem Bild angezeigt, sondern nach dem Zeilenumbruch unter dem Bild fortgesetzt. Ich empfehle daher, Bilder und Texte in eine Tabelle einzufügen, da man diese wesentlich genauer ausrichten kann und der Text in seiner Zelle bleibt.

Wenn Ihnen ein Bild zu groß oder zu klein erscheint, können Sie mit den Attributen `HEIGHT` und `WIDTH` der Marke `<IMG>` die Höhe und Breite des Bildes verändern. Hier können Sie wie gewohnt direkt die Anzahl der Pixel oder den prozentualen Anteil des Bildschirms angeben. Wenn Sie nur eines der Attribute verwenden, wird das Bild in der anderen Richtung der Größenänderung angepasst.

```
<BODY>

<IMG SRC=”ein_bild.gif” WIDTH=100% HEIGHT=50>

<P>

<IMG SRC=”ein_bild.gif” WIDTH=10% HEIGHT=20%>

<P>

<IMG SRC=”ein_bild.gif” HEIGHT=20%>

<P>

</BODY>
```

Hier die Ausgabe:

Grafiken als Anker verknüpfen

Sie können natürlich auch Grafiken mit der Marke <A> und der Endmarke </A> umschließen. Dann wird die angegebene Verknüpfung auf das Bild angewendet.

```
<A HREF="http://www.mut.de"><IMG SRC="ein_bild.gif"></A>
```

Dieses Beispiel wird wie gewohnt das gewünschte Bild darstellen. Wenn man es nun aber anklickt, wird man zu der Seite von Markt&Technik gelangen. Dieses Bild ist von einem farbigen Rahmen umgeben, der anzeigt, dass zu diesem Bild eine Verknüpfung definiert wurde. Der Rahmen hat die gleiche Farbe wie die anderen Links auf der Seite.

▶ Tipp

Wenn Sie dieser Rahmen stört, können Sie ihn auch mit dem Attribut BORDER *ausschalten. Es wird in der Marke* <IMG> *verwendet. Wenn man ihm den Wert Null zuordnet, verschwindet der Rahmen.*

Den Hintergrund grafisch gestalten

Sie haben ja bereits gelernt, wie man den Hintergrund farblich anders gestalten kann. Vielleicht ist Ihnen die einfarbige Ausführung immer noch zu trist. Deshalb können Sie sogar eine Grafik auswählen, die in den Hintergrund gelegt werden soll. Geben Sie bitte den folgenden Quelltext ein:

```
<BODY BACKGROUND="ein_bild.gif" TEXT="#ffffff">

<H1>Der Komplette Hintergrund ist mit der Grafik ausgefüllt.</H1>

</BODY>
```

Wie Sie sehen, kann man dem Attribut BACKGROUND der Marke <BODY> direkt den Dateinamen der Grafik übergeben, die im Hintergrund angezeigt werden soll.

Hinweis

Bitte beachten Sie, dass die Textfarbe möglichst nicht in der Hintergrundgrafik vorkommt, da man sonst schlecht lesen kann, was auf Ihrer Homepage geschrieben steht. Achten Sie auch darauf, dass Sie bei einer hellen Textfarbe eine möglichst dunkle Hintergrundfarbe und umgekehrt verwenden.

Wenn Sie ein wenig mehr Text auf Ihrer Seite darstellen oder den Browser weiter verkleinern, bis ein Scrollbalken auf der rechten Seite erscheint, können Sie das Bild nach oben und unten verschieben. Sie werden feststellen, dass sich der Hintergrund immer mit verschiebt. Hier kommt ein Trick, den ich bisher nur selten auf Internetseiten gesehen habe und der Ihrer Seite eventuell ein wenig mehr Exklusivität verleiht:

Supertipp

Fügen Sie in die <BODY>-Marke das Attribut BGPROPERTIES mit dem Wert »FIXED« ein. Das sieht dann so aus:

```
<BODY BACKGROUND="ein_bild.gif" BGPROPERTIES="FIXED">
```

Sie werden nun beim Scrollen feststellen, dass der Hintergrund fest stehen bleibt, und nur der Text fließt wie auf einer Transparentfolie darüber.

Wie baut man Videos ein?

Genauso wie man Grafiken in Dokumente einfügen kann, ist es bei einigen Browsern auch möglich, ganze Videos abzuspielen. Hier sollte man sich vorher natürlich gut überlegen, wie groß das gesamte Video werden darf, denn es kann erst abgespielt werden, wenn es komplett übertragen worden ist. Das heißt für den Betrachter, dass er unter Umständen eine ganze Weile warten muss, bevor er in den Genuss Ihres Videos kommt. Viele Internet-Anwender haben aber keine unerschöpfliche Geduld und brechen den Vorgang vorher ab.

Wie spricht man Videos an?

Ein Video liegt normalerweise im Format .AVI vor. Man verwendet hier ebenfalls die Marke `<IMG>`, um eine Videodatei einzubinden. Das bereits bekannte Attribut `SRC` sollte möglichst immer den Dateinamen des Startbildes enthalten, denn alle Browser, die keine Videos verarbeiten können, werden dann dieses Bild anzeigen, wenn es sich nicht gerade um einen reinen Text-Browser handelt. Dafür kann man ja immer noch das Attribut `ALT` mit einer Textbeschreibung hinzufügen. Die Videodatei übergibt man dann einfach an das Attribut `DYNSRC`. Unter den bereits erwähnten Beispieldateien (gewusstwie.mut.de) finden Sie auch die Datei »ein_film.avi« und eine weitere, die »ein_film.gif« heißt. Bitte kopieren Sie diese Dateien in Ihr Homepage-Verzeichnis, und testen Sie einmal die folgende HTML-Seite:

```
<HTML>
<HEAD>
<TITLE>Jetzt kommt ein Video!</TITLE>
</HEAD>
<BODY>
<CENTER>
<H1>Jetzt kommt ein Video...</H1>
<IMG SRC="ein_film.jpg" ALT="Hier sollte ein Film spielen."
DYNSRC="ein_film.avi" HEIGHT=254 WIDTH=338>
</CENTER>
</BODY>
</HTML>
```

Man kann auch für Videos die Attribute HEIGHT und WIDTH verwenden. Sie sind wie gewohnt einzusetzen.

Wie steuert man Videos?

Wenn Sie das Beispiel mit einem videofähigen Browser ansehen konnten, werden Sie festgestellt haben, dass der Film einmal durchgelaufen ist und dann anhielt. Sollten Sie aber eine Wiederholung wünschen, können Sie diese direkt angeben. Das Attribut LOOP ist für diese Option zuständig.

```
<IMG SRC=”ein_film.gif” ALT=”Hier sollte ein Film spielen.”
DYNSRC=”ein_film.avi” LOOP=3>
```

Das Video würde also nach dem ersten Abspielen noch zweimal wiederholt. Sie können aber mit LOOP=-1 auch eine endlose Wiederholung erzeugen. Mit LOOPDELAY steht Ihnen die Möglichkeit offen, eine Wartezeit zwischen den Wiederholungen zu erzwingen. Diese wird in Millisekunden angegeben.

```
<IMG SRC=”ein_film.gif” ALT=”Hier sollte ein Film spielen.”
DYNSRC=”ein_film.avi” CONTROLS LOOP=-1 LOOPDELAY=3000>
```

In diesem Fall würde also ein Video eingefügt, das sich ständig wiederholt und eine Wartezeit von drei Sekunden zwischen den Wiederholungen einhält. Abschließend steht Ihnen noch die Möglichkeit offen, den Start des Videos festzulegen. Hier hilft das Attribut START. Es kann zwei Werte annehmen:

Wert	Auswirkung
FILEOPEN	Das Video startet, nachdem die gesamte Seite geladen wurde.
MOUSEOVER	Hier wird der Film erst dann abgespielt, wenn der Benutzer den Mauszeiger in das Videofenster hineinbewegt.

Wie setzt man Musik und Geräusche ein?

Am Anfang des Buches habe ich eine Homepage mit einem bunten Magazin verglichen. Was eine Homepage aber von normalen Printmedien unterscheidet, ist die Möglichkeit Töne einzufügen.

Musik einfügen

Wenn man die Homepage mit Musik ausstatten will, kann man in einigen Browsern direkt Hintergrundmusik einbinden. Dazu sollten Sie die Marke <BGSOUND> verwenden. Darin können Sie mit dem Attribut SRC die Datei angeben, die abgespielt werden soll. In den bereits oft erwähnten Begleitdateien zum Buch finden Sie im Unterverzeichnis »TEST« unter anderem die Datei »ein_song.mid«. Es handelt sich dabei um eine typische Musikdatei im MIDI-Format (.MID). Sie können sie zum Beispiel so einbinden:

```
<BODY>

<BGSOUND SRC="ein_song.mid">

Hier spielt die Musik!

</BODY>
```

Das Lied ist dann einmal zu hören, und danach wird es wieder still. Sie können allerdings erneut die Attribute LOOP und LOOPDELAY, die Sie aus dem Kapitel über Videos kennen, einfügen.

```
<BGSOUND SRC="ein_song.mid" LOOP=-1 LOOPDELAY=1000>
```

In diesem Beispiel wird die Musik unendlich oft abgespielt. Dabei wird zwischen den Wiederholungen jeweils eine Pause von einer Sekunde eingelegt.

Geräusche einfügen

Wenn Sie ein Mikrofon an Ihren Computer anschließen können, haben Sie die Möglichkeit, Geräusche oder Ihre Stimme aufzunehmen.

1. Klicken Sie auf »Start«.

2. Klicken Sie dann auf »Programme«.

3 Klicken Sie nun auf »Zubehör«.

4 Jetzt klicken Sie auf »Multimedia« bzw. »Unterhaltungsmedien«.

5 Hier finden Sie den »Audiorecorder«, den Sie anklicken.

Tondateien haben die Dateiendung .WAV und können mit einem kleinen Trick in eine Homepage eingebunden werden. Man kann einfach eine Verknüpfung auf diese Datei einfügen, und der Browser wird sie nach der Übertragung abspielen. So kann man zum Beispiel persönliche Grußworte auf der Homepage hinterlassen. Allerdings muss der Anwender zuerst auf die Verknüpfung klicken.

Eine benutzerfreundlichere Alternative ist das »Einbetten« von Hilfsprogrammen, die solche Dateien abspielen. Dazu verwendet man die Marke <EMBED>, die wie im folgenden Beispiel eingesetzt werden kann:

```
<BODY>
Hier wird ein Geräusch abgespielt.<BR>
<EMBED SRC="ein_ger.wav" AUTOSTART=TRUE HIDDEN=TRUE>
</BODY>
```

Das Attribut `HIDDEN` (versteckt) kann den Wert »FALSE« (falsch) oder »TRUE« (wahr) annehmen. Wenn man angibt, dass das Hilfsprogramm versteckt werden soll, also `HIDDEN=TRUE`, erscheint es nicht auf dem Bildschirm.

Beim Internet Explorer wird aber der Platz, der für die Anwendung benötigt wird, freigelassen. AUTOSTART kann ebenfalls diese beiden Werte annehmen und gibt an, ob die Anwendung direkt gestartet werden soll oder ob der Anwender sie erst aktivieren muss.

Sie können eine Vielzahl von Dateitypen mit diesem Befehl einbetten. So ist es zum Beispiel auch möglich, Musik und Videos im Netscape abzuspielen.

Wie funktionieren Rahmen?

Bisher war es Ihnen nur möglich, immer eine Seite nach der anderen anzuzeigen. Es ist aber weitaus komfortabler, mehrere Seiten gleichzeitig anzuzeigen und sie getrennt voneinander zu bewegen. Dafür wurden die Rahmen geschaffen. Sie haben sicherlich schon einmal auf einer Reise durch das Internet eine Seite angetroffen, die auf diesem Prinzip beruht.

Eine Seite in Rahmen unterteilen

Wenn Sie eine Seite in zwei Rahmen aufteilen möchten, müssen Sie insgesamt drei Dateien anlegen.

1. Die erste definiert die Größe und die Besonderheiten der beiden Rahmen. Sie nennen diese Seite die rahmenerzeugende Seite.

2. Die beiden anderen werden dann in die entsprechenden Abschnitte der Seite geladen. Es handelt sich hier also um die Inhalte der Rahmen.

Sie betrachten erst einmal die Datei, die für den Aufbau der Rahmen verantwortlich ist. Eine solche HTML-Datei hat einen gewöhnlichen Kopf, muss aber nicht über einen Körper verfügen. Statt dessen wird die Marke `<FRAMESET>` eingefügt. Sie teilt dem Browser mit, dass nun Rahmen definiert werden.

Da man eine Seite horizontal oder vertikal unterteilen kann, gibt man eines der folgenden Attribute in dieser Marke an. Es handelt sich um `COLS` oder `ROWS`. Mit `COLS` kann man Spalten (horizontal getrennte Rahmen) festlegen, mit `ROWS` werden dagegen die Zeilen (vertikal getrennte Rahmen) definiert.

```
<FRAMESET COLS=20%,80%>
```

Hier wird die Seite in zwei Spalten unterteilt, wobei die linke Spalte 20% des Bildschirmes breit ist und die rechte die restlichen 80% einnimmt. Sie können aber auch wieder direkt die Anzahl der Pixel angeben. Eine weitere Möglichkeit ist die relative Angabe in einer speziellen Syntax:

```
<FRAMESET ROWS=40,2*,*>
```

In diesem Beispiel werden drei Zeilen erzeugt. Die oberste ist exakt 40 Punkt hoch. Die beiden unteren teilen sich den Rest des Bildschirmes im Verhältnis 2:1.

Jede Zeile oder Spalte muss nun mit einer HTML-Seite verknüpft werden, da sonst kein Inhalt angezeigt wird. Deshalb fügt man für jeden Rahmen die Marke <FRAME> ein. Mit dem Attribut SRC kann man nun die Datei angeben, die im Rahmen erscheinen soll.

Für den Fall, dass noch nicht alles klar geworden ist, möchte ich die Möglichkeiten, die Rahmen bieten, an einigen Beispielen verdeutlichen. Dazu benötigen Sie jetzt erst einmal einige Dateien, die in den Rahmen angezeigt werden können. Bitte erstellen Sie die sechs Seiten »a.htm« bis »f.htm«, die immer nur einen Buchstaben anzeigen sollen. Die erste Seite würde also so aussehen:

```
<HTML>
<HEAD>
<TITLE>A</TITLE>
</HEAD>
<BODY>
A
</BODY>
</HTML>
```

Für die folgenden fünf Dateien können Sie nun einfach die beiden Buchstaben »A« durch »B« bis »F« ersetzen.

Nun benötigen Sie noch eine Seite, die Rahmen erzeugt. Sie nennen Sie einfach »rahmen.htm«:

```
<HTML>
<HEAD>
<TITLE>Ein Rahmenbeispiel</TITLE>
</HEAD>
<FRAMESET ROWS=20%,60%,20%>
<FRAME SRC="a.htm">
<FRAMESET COLS=50%,50%>
<FRAME SRC="b.htm">
<FRAME SRC="c.htm">
</FRAMESET>
<FRAME SRC="d.htm">
</FRAMESET>
</HTML>
```

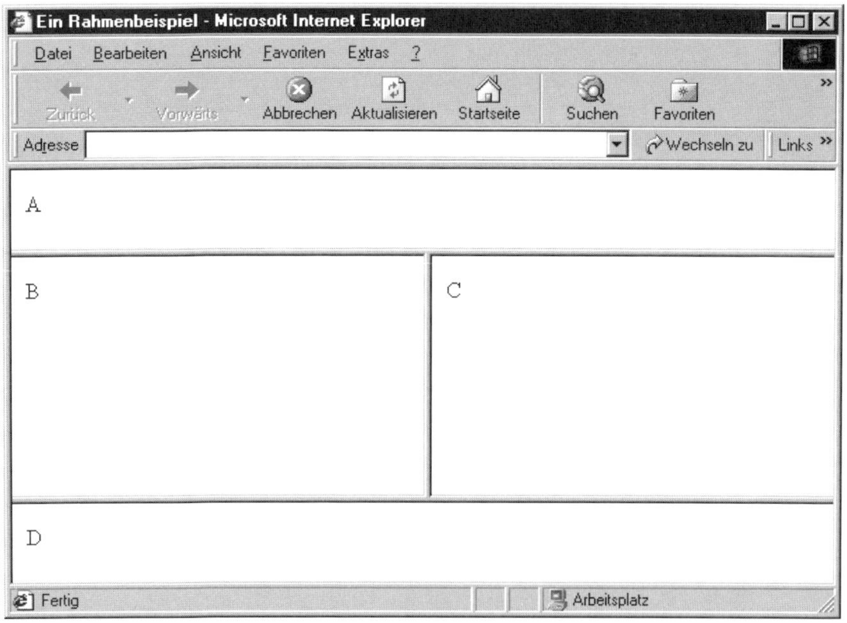

Wenn man diese Datei nun betrachtet, stellt man fest, dass eine `<FRAMESET>`-Marke auch innerhalb einer übergeordneten Rahmendefinition verwendet werden kann. Das wird dazu genutzt, einen bestehenden Rahmen wieder in mehrere Abschnitte zu teilen.

Sie können die Grenzen der einzelnen Rahmen in diesem Beispiel beliebig verstellen, indem Sie die Trennlinien mit der Maus bewegen. Wenn dem Betrachter diese Möglichkeit nicht eingeräumt werden soll, können Sie in eine `<FRAME>`-Marke das Attribut `NORESIZE` einfügen.

Sie haben sicher schon gemerkt, dass der Browser normalerweise immer einen kleinen Rand an den Seiten sowie oben und unten frei lässt. Wenn man nun aber Grafik oder Text direkt an den Rand des Rahmens bringen will, benötigt man weitere Attribute. Das ist zum Beispiel notwendig, wenn der Rahmen relativ klein ist und komplett mit einer Grafik ausgefüllt werden soll. Das Attribut `MARGINHEIGHT` bestimmt daher die Größe des oberen und unteren Randes. Mit `MARGINWIDTH` kann man zusätzlich auch die Seitenränder festlegen. Diese Attribute erwarten die Anzahl der Pixel, die für die Ränder festgelegt werden sollen. Sie muss allerdings größer als Null sein. Der Wert eins ist also die kleinste mögliche Rahmenbreite.

Es kann natürlich sein, dass die Größe eines Rahmens nicht ausreicht, um alle Informationen darin anzuzeigen. Das kommt zum Beispiel vor, wenn der Rahmen zu klein, die Auflösung zu niedrig oder der Inhalt einfach zu groß ist. Natürlich gibt es hierfür eine Lösung. Sie kennen aus Ihrem Betriebssystem sicher schon die so genannten Scrollbalken, die auch Bildlaufleisten genannt werden. Ein Browser kann diese bei Bedarf auch für Ihre Rahmen erstellen. Das Attribut `SCROLLING` kann nun bestimmen, wie sich der Browser hinsichtlich dieser Balken verhalten soll. Zu diesem Attribut gibt es drei verschiedene Werte:

Wert	Auswirkung
AUTO	Bei Bedarf wird ein solcher Scrollbalken eingefügt.
YES	Es wird in jedem Fall eine Bildlaufleiste angezeigt.
NO	Auch wenn eine Leiste nötig ist, wird keine angezeigt.

Einen Rahmen gezielt ansprechen

Da nun mehrere Seiten gleichzeitig auf dem Bildschirm erscheinen und alle mit Verknüpfungen versehen sein können, muss man ein paar Aspekte bei Verknüpfungen in einer rahmenfähigen Seite beachten.

Woher soll der Browser wissen, in welchem Rahmen die Seite aufgebaut werden soll, auf welche die Verknüpfung verweist? Eine simple Regel wird er auf jeden Fall immer befolgen, denn wenn nichts anderes vorgegeben wurde, wird eine neue Seite immer in dem Rahmen aufgebaut, von dem aus die Verknüpfung aktiviert wurde. Wenn Sie jetzt also in der Seite »a.htm« die folgende Verknüpfung in den Körper einfügen, wird der Browser die Datei »e.htm« in dem Rahmen anzeigen, in dem zuvor die Seite A erschien.

```
<BODY>
A<BR>
<A HREF="e.htm">Seite E</A><BR>
</BODY>
```

In vielen Fällen will man aber eine Seite in einem anderen Rahmen öffnen. Deshalb kann man jeder <FRAME>-Marke einen Namen geben. Sie haben sicher schon vermutet, welches Attribut dafür zuständig ist ... . Genau! Es heißt NAME. Sie können die Datei »rahmen.htm« also ohne weiteres so abändern:

```
<HTML>
<HEAD>
<TITLE>Ein Rahmenbeispiel</TITLE>
</HEAD>
<FRAMESET ROWS=20%,60%,20%>
<FRAME SRC="a.htm" NAME="OBEN">
<FRAMESET COLS=50%,50%>
<FRAME SRC="b.htm" NAME="MITTE LINKS">
<FRAME SRC="c.htm"> NAME="MITTE RECHTS"
</FRAMESET>
```

```
<FRAME SRC="d.htm" NAME="UNTEN">

</FRAMESET>

</HTML>
```

Wenn die Rahmen nun benannt sind, kann man bei jeder Verknüpfung einen Zielrahmen angeben. Für die Marke <A> existiert also noch das Attribut TARGET, welches den Rahmennamen enthält, in dem die nächste Seite angezeigt werden soll. Sie können in den Körper von »a.htm« noch die folgende Zeile einfügen:

```
<A HREF="f.htm" TARGET="UNTEN">Seite F (unten)</A><BR>
```

Wenn Sie nun diese Verknüpfung aktivieren, wird die Seite »f.htm« im unteren Rahmen angezeigt.

Für das Attribut TARGET existieren vier vordefinierte Werte, welche die nächste Seite einem ganz besonderen Ziel zuordnen.

Wert	Auswirkung
_SELF	Lädt die nächste Seite in denselben Rahmen
_PARENT	Aktualisiert den Rahmen
_BLANK	Zeigt die nächste Seite in einem neuen Browserfenster
_TOP	Lädt die Seite auf die oberste Rahmenebene

Tipp

Wenn Sie auf einer Seite für die meisten Verknüpfungen ein bestimmtes Ziel verwenden, können Sie die Marke <BASE> sehr sinnvoll einsetzen. Sie erlaubt nämlich die Einstellung eines Standard-Zielrahmens.
<BASE TARGET="UNTEN">
Dieser Befehl bedeutet also, dass alle Verknüpfungen ohne eigenes TARGET-Attribut direkt im Rahmen namens "UNTEN" angezeigt werden.

Der Browser unterstützt keine Rahmen?

Die Rahmen sind erst mit neueren Versionen des Netscape Navigators und des Microsoft Internet Explorers eingeführt worden. Es gibt also noch einige ältere Browser, die keine Rahmen unterstützen. Wenn so ein Browser auf eine Rahmenseite treffen würde, könnte er die <FRAME>-Marken nicht interpretieren und würde nur einen leeren Bildschirm anzeigen. Deshalb wurde in allen rahmenfähigen Browsern eine weitere Marke eingeführt, die einen Bereich angibt, in dem HTML-Text angegeben wird, der in einem alten Browser angezeigt werden soll. Sie heißt <NOFRAMES> und wird wie im folgenden Beispiel angewendet.

```
<HTML>
<HEAD>
<TITLE>Ein Rahmenbeispiel</TITLE>
</HEAD>
<FRAMESET ROWS=20%,60%,20%>
<FRAME SRC="a.htm" NAME="OBEN">
<FRAMESET COLS=50%,50%>
<FRAME SRC="b.htm" NAME="MITTE LINKS">
<FRAME SRC="c.htm"> NAME="MITTE RECHTS"
</FRAMESET>
<FRAME SRC="d.htm" NAME="UNTEN">
</FRAMESET>
<NOFRAMES>
<HEAD>
<TITLE>Ein Rahmenbeispiel (leider ist Ihr Browser zu alt)</TITLE>
</HEAD>
<BODY>
<CENTER>
ACHTUNG!<P>
SIE BENUTZEN EINEN BROWSER, DER KEINE RAHMEN UNTERSTÜTZT. BITTE KLIK-
KEN SIE <A HREF="a.htm">HIER</A>, UM ZU EINER VERSION OHNE RAHMEN ZU
GELANGEN!<P>
</CENTER>
</BODY>
</NOFRAMES>
</HTML>
```

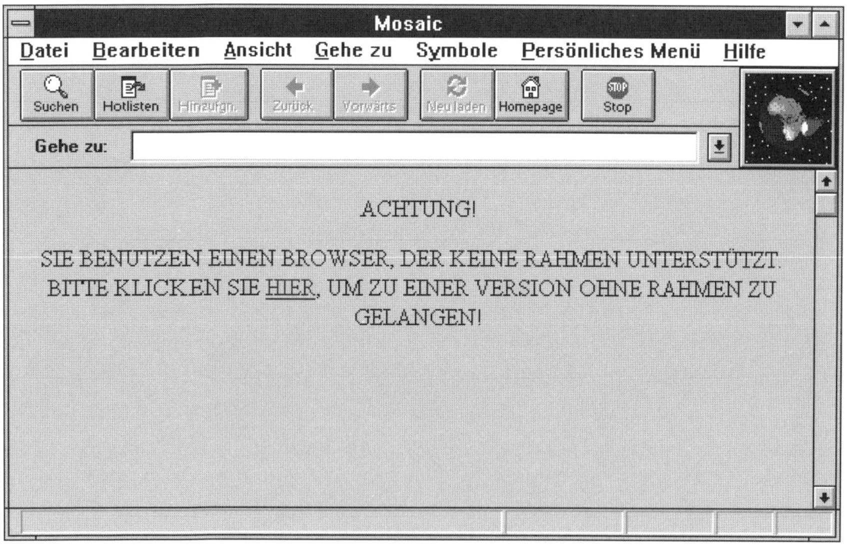

Ein Anwender eines alten Browsers sieht also den Hinweis, der im Bereich `<NOFRAMES>` ... `</NOFRAMES>` eingetragen ist. Man kann dort ganz einfach eine Verknüpfung auf eine Seite einfügen, die keine Rahmen enthält.

Tipp

Wenn Sie Internetnutzer ansprechen möchten, die keine Rahmen unterstützen, sollten Sie die Möglichkeiten von NOFRAMES auf jeden Fall nutzen. Hier gibt es die Möglichkeit entweder einen Link auf die Startseite im Hauptrahmen zu legen, oder direkt die ganze Startseite in den NOFRAMES-Bereich zu kopieren. Bitte beachten Sie aber, dass dann bei einer Aktualisierung der Seite beide HTML-Texte angepasst werden müssen.

Wie erzeugt man Formulare?

Eine Homepage ist immer eine Informationsquelle für den Betrachter der Seite. Manchmal möchte man aber Informationen von dieser Person erhalten. In vielen Fällen reicht es dann, die E-Mail-Adresse anzugeben und den Besucher Ihrer Seite zu bitten, Ihnen eine Mail zu schreiben. Aber wenn man immer bestimmte Informationen benötigt und es dem Anwender so leicht wie möglich machen möchte, sind Formulare eine lohnenswerte Alternative.

Textfelder erstellen

Nehmen Sie einfach einmal an, Sie haben zu einer riesigen Party eingeladen und wollen den Besuchern über das Internet die Möglichkeit geben, sich anzumelden. Dann könnten Sie einen solchen Programmtext in Ihre Seite einfügen:

```
<HTML>
<HEAD>
<TITLE>Anmeldung zur Mitbringparty</TITLE>
</HEAD>
<BODY>
Wenn Du zu meiner Party kommen möchtest, so schreibe mir doch einfach
eine <A HREF="mailto:meine@adresse.de">Mail</A>. Vergiss bitte nicht
Deinen Namen anzugeben, wie viele Personen Du mitbringst, ob Du hier
übernachten möchtest und was Du mitbringst.
</BODY>
</HTML>
```

Dieses Beispiel ist sicher nicht sehr komfortabel, da der Betrachter der Seite im Gedächtnis behalten muss, was er alles in die Mail schreiben soll.

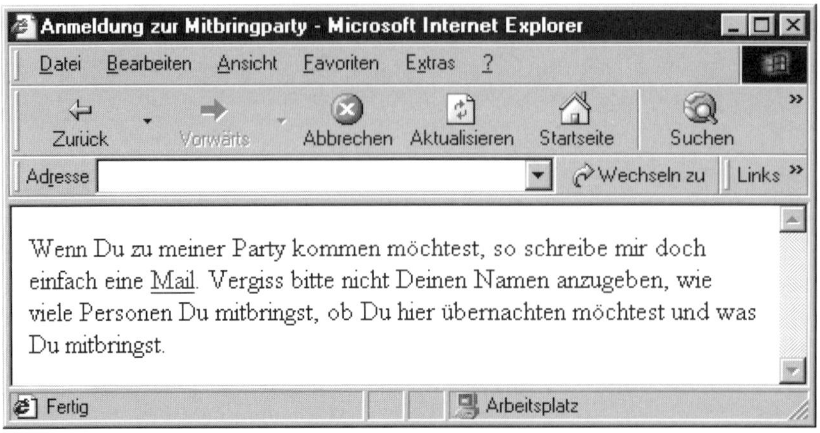

Hier könnte man viel besser ein Formular erstellen.

Ein solches Formular wird durch die Marke <FORM> gekennzeichnet. Da es sich um einen Bereich handelt, sollte man das Formular auch mit der Endmarke </FORM> beenden. Es gibt zwei wichtige Attribute, die der Marke <FORM> immer zugeordnet werden sollten. Das erste heißt `METHOD`. Ich erwähne hier nur der Vollständigkeit halber, wozu es dient: `METHOD` ist notwendig, da ein Formular über ein Script ausgewertet werden kann und dieses Script erfahren muss, ob es Daten senden oder empfangen soll. Deshalb gibt es zwei Werte, die `METHOD` annehmen kann:

Wert	Auswirkung
GET	Das Script soll Daten liefern.
POST	Das Formular liefert die Daten.

Im Normalfall liefert uns das Formular ja die Daten, und deshalb ist der eigentliche nur der Wert `POST` für uns wichtig.

Das zweite Attribut, das man immer angeben sollte, heißt `ACTION` und gibt die Adresse des Scripts an. Da diese Scripts in diesem Buch nicht behandelt werden, ist es für Sie nur wichtig zu wissen, dass man auch eine E-Mail-Adresse angeben kann, an welche die Inhalte des Formulars geschickt werden. Eine Anfangsmarke für ein Formular könnte also so aussehen:

```
<FORM METHOD="POST" ACTION="mailto:meine@adresse.de">
```

Hier wird eine Mail mit dem Inhalt des Formulars an die Adresse »meine@adresse.de« gesendet.

Für den Anfang definieren Sie einmal ein Eingabefeld, das aus mehreren Textzeilen bestehen kann. Dafür verwenden Sie die Marke <TEXTAREA>. Damit Sie jedem Formularelement später wieder seinen Wert zuordnen können, erhält jedes Element einen Namen. Es wird also das Attribut NAME für die Marke <TEXTAREA> definiert. Jetzt sollte der Browser nur noch wissen, wie groß das Textfeld werden soll. Deshalb geben Sie die Attribute ROWS (Zeilen) und COLS (Spalten) an.

```
<TEXTAREA NAME="BEMERKUNGEN" ROWS=3 COLS=40>
Dieses ist der vorgegebene Text im Feld.
Man benoetigt fuer ihn keine <BR> Marken.
</TEXTAREA>
```

Dieses Textfeld heißt »Bemerkungen« und hat einen Umfang von drei Zeilen mit 40 Spalten. Der Text zwischen der Anfangs- und der Endmarke wird direkt in das neue Textfeld eingefügt. Die Anmeldung könnte dann schon so aussehen:

```
<HTML>
<HEAD>
<TITLE>Anmeldung zur Mitbringparty</TITLE>
</HEAD>
<BODY>
Wenn Du zu meiner Party kommen möchtest, so fülle doch bitte dieses
Formular aus. Vergiss bitte nicht Deinen Namen anzugeben, wie viele
Personen Du mitbringst, ob Du hier übernachten möchtest und was für
Speisen Du besorgst.
<FORM METHOD="POST" ACTION="mailto:meine@adresse.de">
<TEXTAREA NAME="BEMERKUNGEN" ROWS=3 COLS=40></TEXTAREA>
</FORM>
</BODY>
</HTML>
```

Hier werden nun alle Angaben direkt dem Namen »Bemerkungen« zugeordnet.

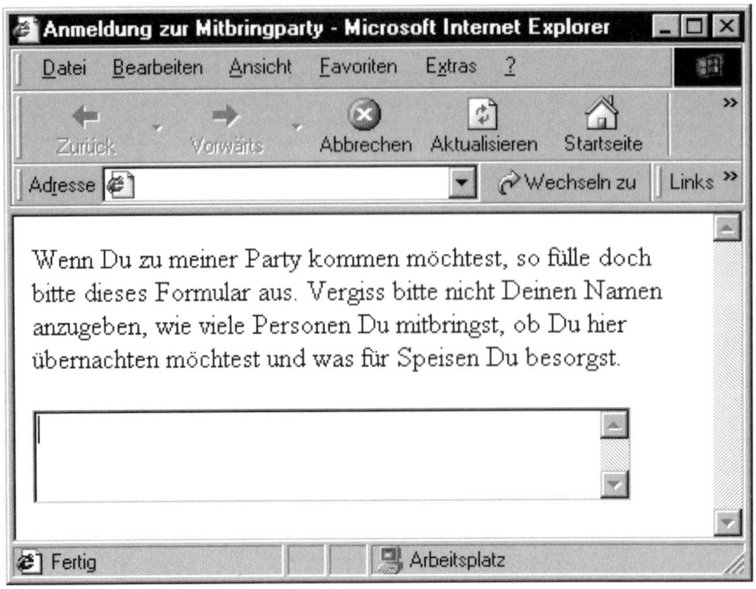

In einem Formular ist es aber meist sinnvoller, verschiedene Daten getrennt abzufragen. So kann man zum Beispiel den Namen und Vornamen getrennt vom Rest erfassen. Da es sich hier um einzeiligen Text handelt, wird wieder eine neue Marke notwendig. Mit `<INPUT>` lassen sich sehr viele Formularelemente erstellen. Damit der Browser genau weiß, was hier gefragt ist, erhält `<INPUT>` immer das Attribut `TYPE`. Damit man eine Texteingabe ermöglichen kann, muss `TYPE` den Wert `TEXT` erhalten. Man kann die Breite des Textfeldes mit dem Attribut `SIZE` bestimmen und die maximale Textlänge darin mit `MAXLENGTH`. Wenn Sie wollen, können Sie sogar einen Standardwert an die Texteingabe übergeben. Dieser Wert muss an das Attribut `VALUE` gegeben werden.

```
<INPUT NAME="NACHNAME" TYPE="TEXT" SIZE=40 MAXLENGTH=80
VALUE="Mustermann">
```

Dieser Befehl erzeugt ein Eingabefeld namens »NACHNAME«, das die Breite 40 hat und 80 Zeichen als Eingabe zulässt. Wenn die Seite aufgebaut wird, ist der Name »Mustermann« schon eingetragen.

```
<HTML>
<HEAD>
<TITLE>Anmeldung zur Mitbringparty</TITLE>
</HEAD>
<BODY>
Wenn Du zu meiner Party kommen möchtest, so fülle doch bitte dieses
Formular aus. Vergiss; bitte nicht anzugeben, wie viele Personen Du
mitbringst, ob Du hier übernachten möchtest und was für Speisen Du
besorgst.
```

```
<FORM METHOD="POST" ACTION="mailto:meine@adresse.de">
Nachname:<INPUT NAME="NACHNAME" TYPE="TEXT" SIZE=40 MAXLENGTH=80
VALUE="Mustermann"><BR>
Vorname:<INPUT NAME="VORNAME" TYPE="TEXT" SIZE=40 MAXLENGTH=80
VALUE="Max"><BR>
<TEXTAREA NAME="BEMERKUNGEN" ROWS=3 COLS=40></TEXTAREA>
</FORM>
</BODY>
</HTML>
```

Ein Textfeld ist aber noch lange nicht alles, was man mit einem Formular erstellen kann. Einige wichtige Elemente fehlen noch.

Radio- und Checkbuttons

Aus Ihrem Betriebssystem ist Ihnen sicherlich das Verhalten von so genannten Radiobuttons und Checkbuttons bekannt. Trotzdem möchte ich das unterschiedliche Verhalten dieser Knöpfe hier kurz erläutern.

Man verwendet oft Checkbuttons, wenn man mehrere Optionen aus einer Liste wählen kann. Dieses Verfahren kennen Sie sicherlich von den Führerschein-Fragebögen. In diesem Beispiel ist die Verwendung von Checkbuttons zum Beispiel für die Liste der mitzubringenden Speisen sinnvoll.

Radiobuttons werden ebenfalls dazu verwendet, um Elemente einer Liste zu wählen. Allerdings sind hier nicht mehrere Elemente gleichzeitig wählbar. Eine Entscheidung zwischen Ja und Nein lässt sich so gut darstellen.

Wenn Sie zum Beispiel die Abfrage, ob jemand beim Gastgeber der Fete übernachten möchte, mit Radiobuttons darstellen möchten, müssen Sie nur in der Marke `<INPUT>` das Attribut `TYPE` auf den Wert `RADIO` setzen. Damit der Browser weiß, welche Radiobuttons zusammengehören, müssen alle Knöpfe der gleichen Auswahl denselben Namen haben. Die mit `VALUE` gesetzten Werte der Knöpfe werden später dem Namen der Auswahl zugeordnet, nachdem der entsprechende Knopf aktiviert wurde. Das Attribut CHECKED kann in der Marke des Knopfes eingefügt werden, der standardmäßig aktiviert werden soll.

```
<INPUT TYPE="RADIO" NAME="UEBERNACHTUNG" VALUE="JA">Ja

<INPUT TYPE="RADIO" NAME="UEBERNACHTUNG" VALUE="NEIN" CHECKED>Nein
```

Hier wurde eine Ja/Nein-Abfrage entworfen, die den Namen »UEBERNACHTUNG« trägt und bei der die Option »NEIN« standardmäßig ausgewählt ist.

Checkbuttons unterscheiden sich in der Programmierung nur unwesentlich von Radiobuttons. Man übergibt nur den Wert CHECKBOX an das Attribut TYPE. Für eine Auswahl verwendet man möglichst auch wieder denselben Namen. Die einzelnen Werte werden mit VALUE übergeben, und wenn man das Attribut CHECKED verwendet, so ist der Checkbutton standardmäßig aktiviert.

```
<INPUT TYPE="CHECKBOX" NAME="SPEISE" VALUE="BA">Baguettes

<INPUT TYPE="CHECKBOX" NAME="SPEISE" VALUE="NS">Nudelsalat

<INPUT TYPE="CHECKBOX" NAME="SPEISE" VALUE="CH">Chips

<INPUT TYPE="CHECKBOX" NAME="SPEISE" VALUE="GE">Getränke
```

So könnte dann die Liste der mitzubringenden Speisen aussehen. Man kann vor jeder Speise ein Feld ankreuzen und sich so auch bei mehreren Punkten eintragen.

Auswahlmenüs erzeugen

Für den Veranstalter der Party ist jetzt noch wichtig, wie viele Personen der Betrachter der Seite mitbringen möchte. An diesem Beispiel kann man gut die Funktion von Auswahlmenüs erklären. Es sollen die Punkte »Niemanden«, »Eine Person«, »Zwei Personen«, »Drei Personen« und »Mehr als drei Personen« zur Verfügung stehen.

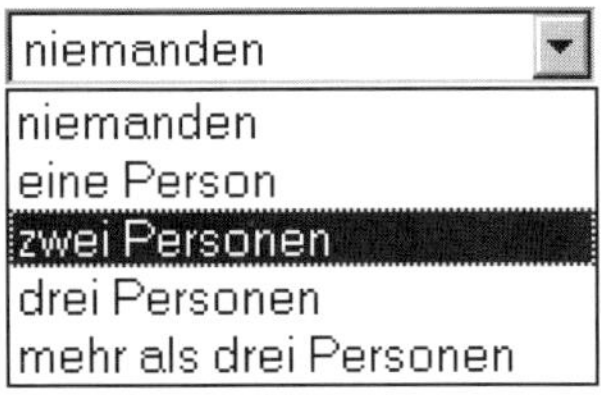

Für so ein Menü wurde die Marke <SELECT> eingeführt. Man ordnet den Namen des Menüs wie gewohnt dem Attribut NAME zu und sollte auch die gleichzeitig angezeigten Einträge mit SIZE festlegen. Die einzelnen Menüpunkte werden mit der Marke <OPTION> versehen.

```
<SELECT NAME="PERSONEN" SIZE=1>

<OPTION>Niemanden

<OPTION>Eine Person

<OPTION>Zwei Personen
```

```
<OPTION>Drei Personen
<OPTION>Mehr als drei Personen
</SELECT>
```

Dieser Quelltext gibt genau die besprochene Auswahl als Menü wieder. Wenn man dem Attribut SIZE einen größeren Wert als Eins zuweist, werden mehrere Optionen gleichzeitig sichtbar. Man kann sogar MULTIPLE als Attribut setzen, um die Auswahl von mehreren Optionen zuzulassen.

Formulare absenden und löschen

Damit wäre ein Formular schon fast betriebsbereit. Es fehlt nur noch die Möglichkeit, es abzusenden oder gegebenenfalls zu löschen. Deshalb fügt man noch zwei Knöpfe ein, die immer so programmiert werden:

```
<INPUT TYPE="SUBMIT" VALUE="Anmeldung absenden">
<INPUT TYPE="RESET" VALUE="Anmeldung löschen">
```

Man setzt für TYPE also SUBMIT ein, um einen Knopf zu erzeugen, der das Formular absendet. Es kann gelöscht werden, wenn man einen Knopf erzeugt, der für TYPE den Wert RESET erhält. In VALUE steht immer die Beschriftung des Knopfes.

Das ganze Anmeldeformular sieht dann so aus:

```
<HTML>
<HEAD>
<TITLE>Anmeldung zur Mitbringparty</TITLE>
</HEAD>
<BODY>
Wenn Du zu meiner Party kommen möchtest, so fülle doch bitte dieses
Formular aus.<BR>
<FORM METHOD="POST" ACTION="mailto:meine@adresse.de">
Nachname:<INPUT NAME="NACHNAME" TYPE="TEXT" SIZE=40 MAXLENGTH=80
VALUE="Mustermann"><BR>
Vorname:<INPUT NAME="VORNAME" TYPE="TEXT" SIZE=40 MAXLENGTH=80
VALUE="Max"><BR>

Möchtest Du bei mir übernachten?
```

```
<INPUT TYPE="RADIO" NAME="UEBERNACHTUNG" VALUE="JA">Ja
<INPUT TYPE="RADIO" NAME="UEBERNACHTUNG" VALUE="NEIN" CHEK-
KED>Nein<BR>
Ich besorge folgende Speisen:<BR>
<INPUT TYPE="CHECKBOX" NAME="SPEISE" VALUE="BA">Baguettes<BR>
<INPUT TYPE="CHECKBOX" NAME="SPEISE" VALUE="NS">Nudelsalat<BR>
<INPUT TYPE="CHECKBOX" NAME="SPEISE" VALUE="CH">Chips<BR>
<INPUT TYPE="CHECKBOX" NAME="SPEISE" VALUE="GE">Getränke<BR>
Sonstige Speisen:<INPUT NAME="SONSTIGE" TYPE="TEXT" SIZE=40 MAX-
LENGTH=80><BR>
Ich bringe <SELECT NAME="PERSONEN" SIZE=1>
<OPTION>niemanden
<OPTION>eine Person
<OPTION>zwei Personen
<OPTION>drei Personen
<OPTION>mehr als drei Personen
</SELECT> mit.<BR>
Bemerkungen:<TEXTAREA NAME="BEMERKUNGEN" ROWS=3 COLS=60>
</TEXTAREA><BR>
<INPUT TYPE="SUBMIT" VALUE="Anmeldung absenden">
<INPUT TYPE="RESET" VALUE="Anmeldung löschen">
</FORM>
</BODY>
</HTML>
```

Dieses Formular ist noch ziemlich unübersichtlich, da die einzelnen Elemente in den Fließtext eingebunden werden.

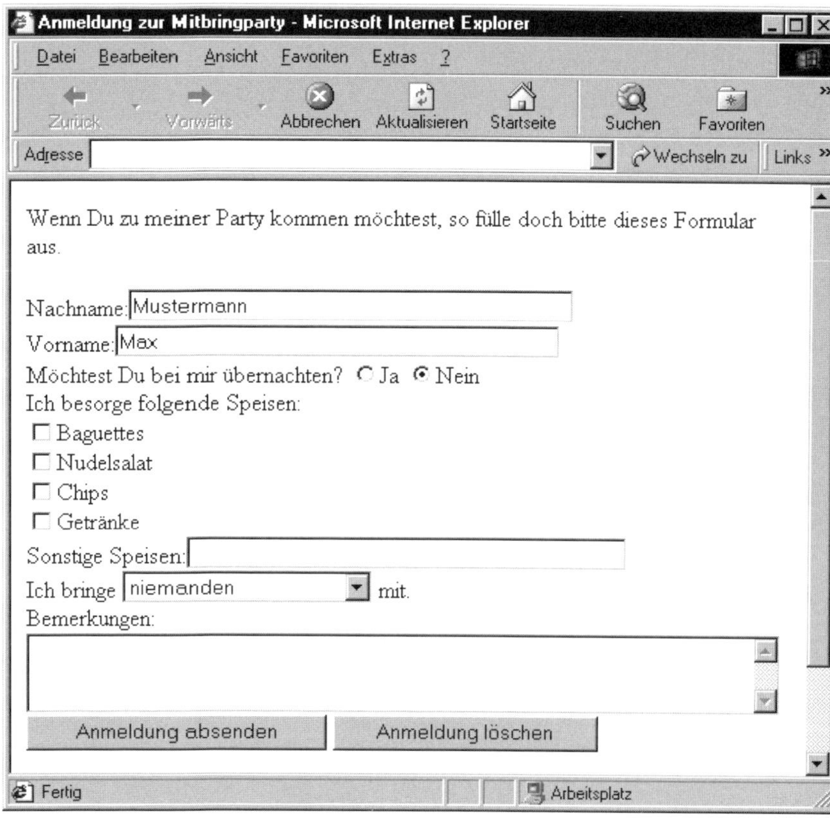

Es ist immer empfehlenswert, den Einsatz von Formularen und Tabellen zu kombinieren. Wenn man die Formatierung des Formulars mit den Tabellenfunktionen korrigiert, kann der Quelltext zum Beispiel so aussehen:

```
<HTML>
<HEAD>
<TITLE>Anmeldung zur Mitbringparty</TITLE>
</HEAD>
<BODY>
Wenn Du zu meiner Party kommen möchtest, so fülle doch bitte dieses
Formular aus.<P>
<FORM METHOD="POST" ACTION="mailto:meine@adresse.de">
<CENTER>
<TABLE BORDER=2 CELLPADDING=4>
<TR><TD>
```

```
<CENTER>
<TABLE>
<TR><TD>Nachname<TD><INPUT NAME="NACHNAME" TYPE="TEXT" SIZE=40 MAX-
LENGTH=80 VALUE="Mustermann"><BR>
<TR><TD>Vorname<TD><INPUT NAME="VORNAME" TYPE="TEXT" SIZE=40 MAX-
LENGTH=80 VALUE="Max"><BR>
</TABLE><BR>
</CENTER>
<TR><TD>
<CENTER>
Möchtest Du bei mir übernachten?
<INPUT TYPE="RADIO" NAME="UEBERNACHTUNG" VALUE="JA">Ja
<INPUT TYPE="RADIO" NAME="UEBERNACHTUNG" VALUE="NEIN" CHE
CKED>Nein<P>
</CENTER>
<TR><TD>
<CENTER>
Ich besorge folgende Speisen:<BR>
<TABLE>
<TR><TD><INPUT TYPE="CHECKBOX" NAME="SPEISE" VALUE="BA">Baguet-
tes<BR>
<TD><INPUT TYPE="CHECKBOX" NAME="SPEISE" VALUE="NS">Nudelsalat<BR>
<TR><TD><INPUT TYPE="CHECKBOX" NAME="SPEISE" VALUE="CH">Chips<BR>
<TD><INPUT TYPE="CHECKBOX" NAME="SPEISE" VALUE="GE">Getränke<BR>
</TABLE>
Sonstige Speisen:<INPUT NAME="SONSTIGE" TYPE="TEXT" SIZE=40 MAX-
LENGTH=80><P>
</CENTER>
<TR><TD>
<CENTER>
Ich bringe <SELECT NAME="PERSONEN" SIZE=1>
<OPTION>niemanden
<OPTION>eine Person
<OPTION>zwei Personen
```

```
<OPTION>drei Personen
<OPTION>mehr als drei Personen
</SELECT> mit.<P>
</CENTER>
<TR><TD>
<CENTER>
Bemerkungen:<BR>
<TEXTAREA NAME="BEMERKUNGEN" ROWS=3 COLS=60></TEXTAREA><P>
</CENTER>
<TR><TD>
<CENTER>
<INPUT TYPE="SUBMIT" VALUE="Anmeldung absenden">
<INPUT TYPE="RESET" VALUE="Anmeldung löschen">
</CENTER>
</TABLE>
</CENTER>
</FORM>
</BODY>
</HTML>
```

Tipp

Wenn Sie Formulare aufbauen sollten Sie immer darauf achten, dass es optisch ansprechend ist. Vermeiden Sie die folgenden Fehler:

- Unterschiedlich lange Textfelder, die direkt untereinander liegen, sehen unordentlich aus.
- Zu kurze Textfelder sind sehr nervig, denn man sieht die komplette Eingabe nicht. Dieser Fehler wird oft bei Email- oder Homepageadressen gemacht.
- Unterscheiden sie ganz genau, ob Sie Checkbuttons oder Radiobuttons einsetzen, denn vergessen Sie nicht, dass Checkbuttons mehrere Möglichkeiten zulassen, Radiobuttons aber nur eine. Eine Ja/Nein-Abfrage mit Checkbuttons ist sehr unprofessionell.

Wenn man die Ausgabe dieses Quelltextes betrachtet, erscheint das Formular gleich viel freundlicher und übersichtlicher.

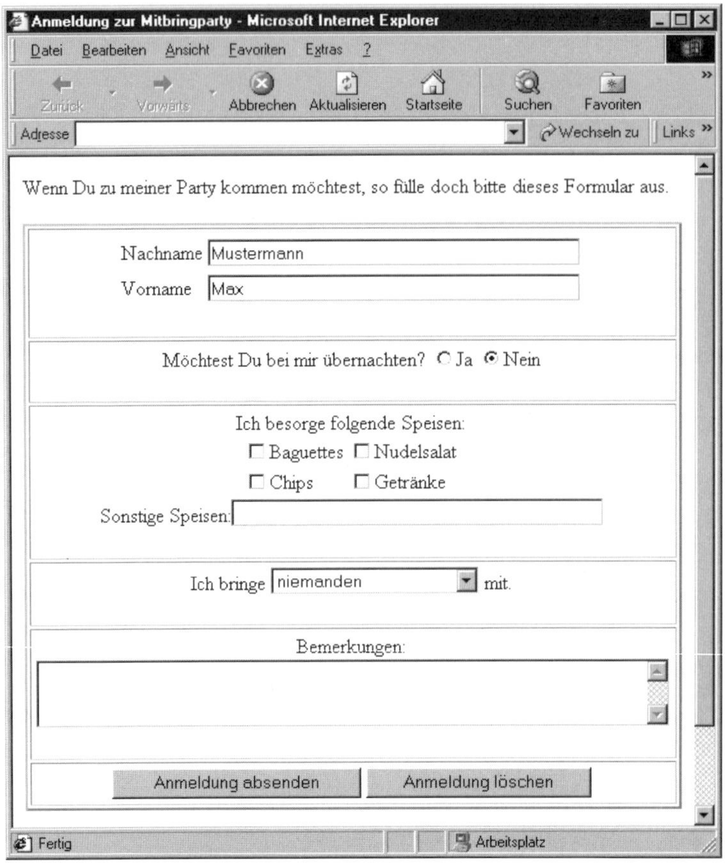

Wie wertet man Formulare aus?

Ich habe das eben gezeigte Formular einmal abgesendet, um zu demonstrieren, wie die Eingaben in der Mail aussehen. Sie werden alle in eine Zeile gepackt, weil man auf die gleiche Weise auch ein Script ansprechen könnte und dafür alle Angaben in einer Zeile stehen müssen.

```
NACHNAME=Dellwig&VORNAME=Ingo&UEBERNACHTUNG=JA&SPEISE=NS&SPEISE=CH&S
ONSTIGE=Salzstangen&PERSONEN=eine+Person&BEMERKUNGEN=Vielleicht+komm
t+noch+eine+Person+mehr+mit.%0D%0AHoffentlich+haben+wir+gutes+Wet-
ter%21%0D%0AIch+freue+mich+schon+riesig.%0D%0ABis+dann%21
```

Auf den ersten Blick sieht das etwas wirr aus. Man kann aber erkennen, dass die einzelnen Formularelemente jeweils durch ein »&« getrennt sind. Jedem Formularelement wird der Wert mit einem »=« zugewiesen. Bei »NACHNAME« wurde also »Dellwig« eingetragen. Wenn mehrere Eingaben bei einem Element möglich sind, so werden diese jeweils getrennt dem Element zugeordnet. `SPEISE=NS&SPEISE=CH` bedeutet also, dass ich eingetragen habe, für Nudelsalat und Chips zu sorgen. Auch das Feld »BEMERKUNGEN« ist sehr aufschlussreich. Hier kann man erkennen, dass Leerzeichen durch ein »+« ersetzt wurden und ein Zeilenumbruch durch die Sequenz `%0D%0A`.

Einige Dienstanbieter stellen eine Möglichkeit zur Verfügung, solche Mailformulare direkt auszuwerten und in geordneter Form an Ihre Mailadresse weiterzuleiten. Bitte fragen Sie beim Support Ihres Dienstanbieters nach, ob und wie so eine Möglichkeit funktioniert.

▶ Tipp

Formulare sollten gut strukturiert sein. Absätze sorgen für mehr Übersicht. Ebenso sind Trennlinien wichtige Helfer für mehr Durchblick.

Anwendungsbeispiele für Formulare

Es gibt eine Vielzahl von Einsatzgebieten für Formulare. Eines haben Sie ja bereits kennen gelernt: Die Planung von Mitbringparties. Sie sehen also, dass Ihnen alle Möglichkeiten offen stehen. Hier aber nun einige sinnvollere Varianten:

Kontakt-Formulare (anstelle von Emails)

Diese Formular-Variante wird sehr oft verwendet. Hier soll der Besucher der Homepage ganz einfach eine Mail absetzen können, ohne das Mailprogramm zu starten.

Benötigte Felder: Absender-Email-Adresse, Name (evtl. geteilt in Vor- und Nachname), Betreff-Zeile, Nachrichtentext.

Kontakt-Formulare (anstelle von Briefen)

Diese Formulare werden zum Beispiel dann verwendet, wenn ein Besucher seine Adresse hinterlassen soll, damit Sie ihn auf dem Postwege kontaktieren können. Ein Beispiel:

Wenn eine Firma Informationsmaterial an interessierte Kunden senden möchte, sollte sie so ein Formular verwenden.

Benötigte Felder: Anrede, Name, Vorname, Straße / Postfach, Postleitzahl, Ort, Land, Telefonnummer für Rückfragen, Telefax und evtl. ein Textfeld für Bemerkungen.

Bestell-Formular

Viele Firmen vertreiben Waren wie zum Beispiel CDs oder Videofilme über das Internet. Hier kann man wieder auf Formulare zurückgreifen, um die Bestellung zu vereinfachen.

Benötigte Felder: Komplette Adresse (s.o.), Artikelnummer / Bezeichnung, Bestellmenge, Versandart, Zahlungsweise, Kreditkartentyp, Kreditkartennummer, Gültigkeitsdatum für Kreditkarten, Kontonummer, Bankleitzahl

Newsletter-Abos

Ein sehr kleines Formular können Sie verwende, wenn Sie einen eigenen Newsletter anbieten möchten.

Benötigte Felder: Emailadresse, Name

Wie zählt man Besucher?

Kapitel 14

Wen interessiert es nicht, wie viele Besucher sich schon eine Seite angesehen haben? Der Eigentümer der Seite könnte mit einem Zähler selbst feststellen, wie populär die eigene Homepage ist, und die Besucher können sofort erkennen, wie viele Internetnutzer diese Seite schon betrachtet haben. So einen Zähler nennt man Hit-Counter.

So funktioniert ein Hit-Counter

Wenn Sie einen Zähler in Ihre Seite einbinden möchten, müssen Sie eine spezielle Zeile einfügen, die Ihnen vom Betreiber des Zählerservers mitgeteilt wird. In den meisten Fällen handelt es sich um eine Bildmarke `<IMG>`, die als Adresse ein CGI-Script aufruft. Das ist ein Programm, welches in diesem Fall ein Bild zurückgibt. Wenn dieses Script aufgerufen wird, wird Ihr Zähler um eins erhöht und die aktuelle Zahl in eine Grafik umgewandelt, die dann in Ihre Seite eingefügt wird.

Wo bekomme ich einen Hit-Counter her?

Es gibt viele Dienstanbieter, die Ihren Kunden einen solchen Zähler zur Verfügung stellen. Allerdings sind auch einige freie Anbieter vertreten, die dieses Hilfsmittel kostenlos anbieten. Sie können zum Beispiel über *http://www.digits.com* einen solchen Zähler beantragen.

1. Starten Sie Ihren Browser.
2. Geben Sie »www.digits.com« ein.
3. Sie gelangen zuerst in ein Menü, in dem Sie auswählen können, wie der Counter aussehen soll. Es stehen mehrere Schriftarten zur Verfügung.
4. Dann können Sie sich ein Codewort ausdenken, das Ihren Zähler repräsentiert.
5. Wenn Sie diese Angaben abgesendet haben, erhalten Sie eine Zeile, die Sie in den Zwischenspeicher kopieren sollten. Markieren Sie dazu einfach diese Zeile mit dem Cursor, und drücken Sie [Strg]+[Einfg].

▶ Online-Tipp

Hier eine Liste von Anbietern, die Zähler zur Verfügung stellen:

adview
http://www.adview.de/freecount.htm
Versteckter Zugriffszähler mit Statistik
Kostenlos!

Better Counter
http://www.better-counter.com/d_index.html
Zugriffszähler mit Statistik-Funktion
Kostenlos! (Weitere Funktionen gegen Gebühr)

Compushop
http://www.compushop.de/join.htm
Konventioneller Zähler
Kostenlos!

Count4All
http://www2.count4all.com/c4adb/anmeldung/anmeldung.cfm
Konventioneller Zähler
Kostenlos!

EuroSoft
http://www.euro-soft.de/freecount.htm
Konventioneller Zähler
Kostenlos!

Freeware.De
http://www.freeware.de/freecounter/counter.htm
Besonders schneller Zähler
Kostenlos!

Den Zähler in die Seite einbauen

Nun können Sie diese Zeile an die Stelle kopieren, an der Ihr Zähler auftauchen soll. Stellen Sie einfach den Cursor an diese Position, und drücken Sie [⇧]+[Einfg]. Sie sollten beachten, dass der Zähler nur einmal aufgerufen wird, denn wenn Sie in mehrere Seiten denselben Zähler einfügen, läuft er beim Aufruf einer jeden Seite weiter.

Seitenweiterleitung

Hier möchte ich noch kurz auf die Möglichkeit hinweisen, dass man Weiterleitungsseiten bauen kann. Wenn Ihre Homepage umziehen musste, sollten Sie so eine Seite auf den alten Server legen, damit die Besucher automatisch zur neuen Seite kommen. Das folgende Beispiel bringt Sie nach einer Sekunde zur Bücherseite.

```
<HTML>

<HEAD>

<TITLE>Weiterleitung</TITLE>

<META http-equiv="refresh" content="1; URL=http://www.dellwig.de/buecher/
index.htm" target="_self">

</HEAD>

<BODY BGCOLOR="#FFFFFF" TEXT="#000000" LINK="#FF0000" VLINK="#CCCCCC">

<CENTER>

Sie werden umgeleitet! Sollten diese Seite nicht nach einigen Sekunden ver-
schwinden, klicken Sie bitte <A HREF=" http://www.dellwig.de/buecher/
index.htm ">hier</A>!

</CENTER>

</body>

</html>
```

Wie kommt man an ein Gästebuch?

Das Gästebuch ist eine Möglichkeit, den Kontakt zwischen Inhabern und Betrachtern einer Homepage herzustellen. Sie können damit anderen Internetanwendern die Gelegenheit geben, einen Text einzugeben, der dann allen späteren Besuchern auch zur Ansicht bereitsteht. In den meisten Fällen wird die Homepage und auch die E-Mail-Adresse des Gastes erfasst, so dass Sie sich wiederum mit ihm in Verbindung setzen oder seine Homepage besuchen können.

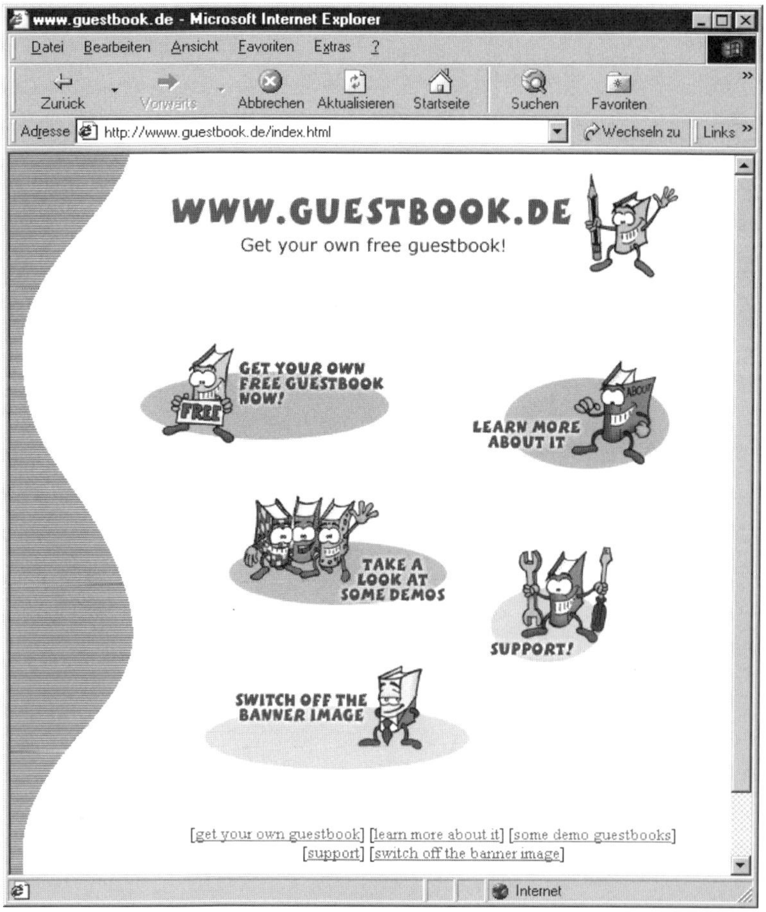

Wo kann ich ein Gästebuch anlegen?

Es gibt einige Internetanbieter, die es ihren Mitgliedern erlauben, ein solches Gästebuch kostenlos zu erstellen. In manchen Fällen muss man nicht einmal Mitglied werden, sondern nimmt einfach ein wenig Werbung in Kauf. Als Beispiel möchte ich hier »SPIN« vorstellen. Unter der Adresse *http://www.guestbook.de/* steht es jedem Homepage-Inhaber frei, sich kostenlos ein Gästebuch anzulegen. Dazu geht man folgendermaßen vor:

1. Starten Sie Ihren Browser.

2. Besuchen Sie die Seite »www.guestbook.de«.

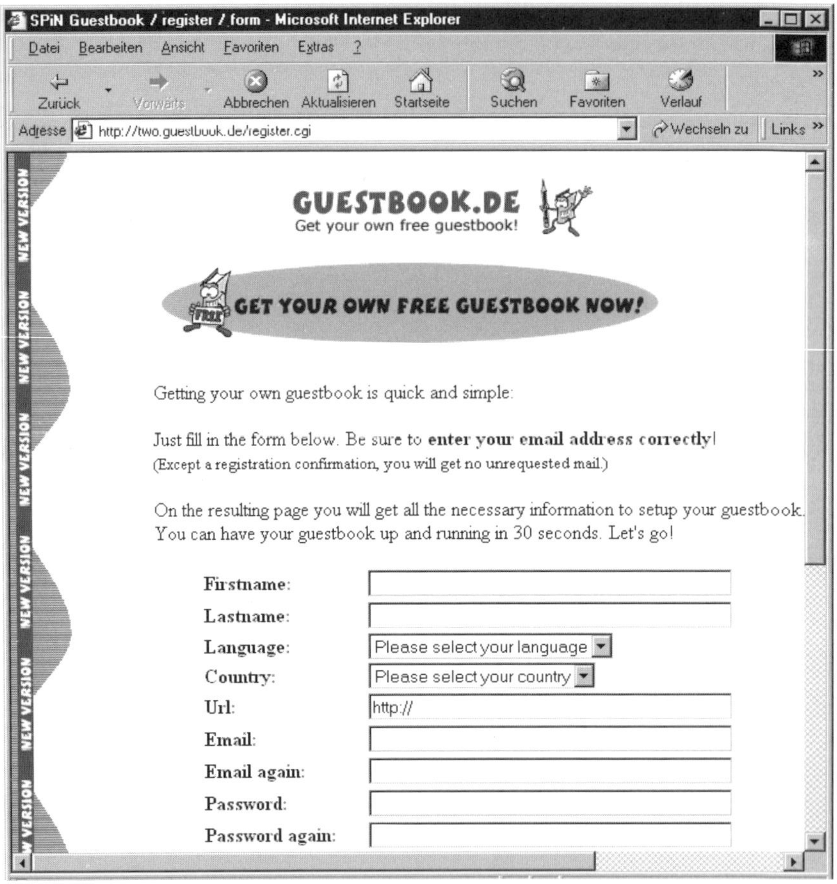

3. Klicken Sie auf »Get your own free Guestbook.«

4. Klicken Sie auf »Register the New Version«.

5 Füllen Sie das Formular aus, und senden Sie es ab. (Denken Sie daran, die Nutzungsbedingungen zu bestätigen.) Notieren Sie sich Ihr Passwort.

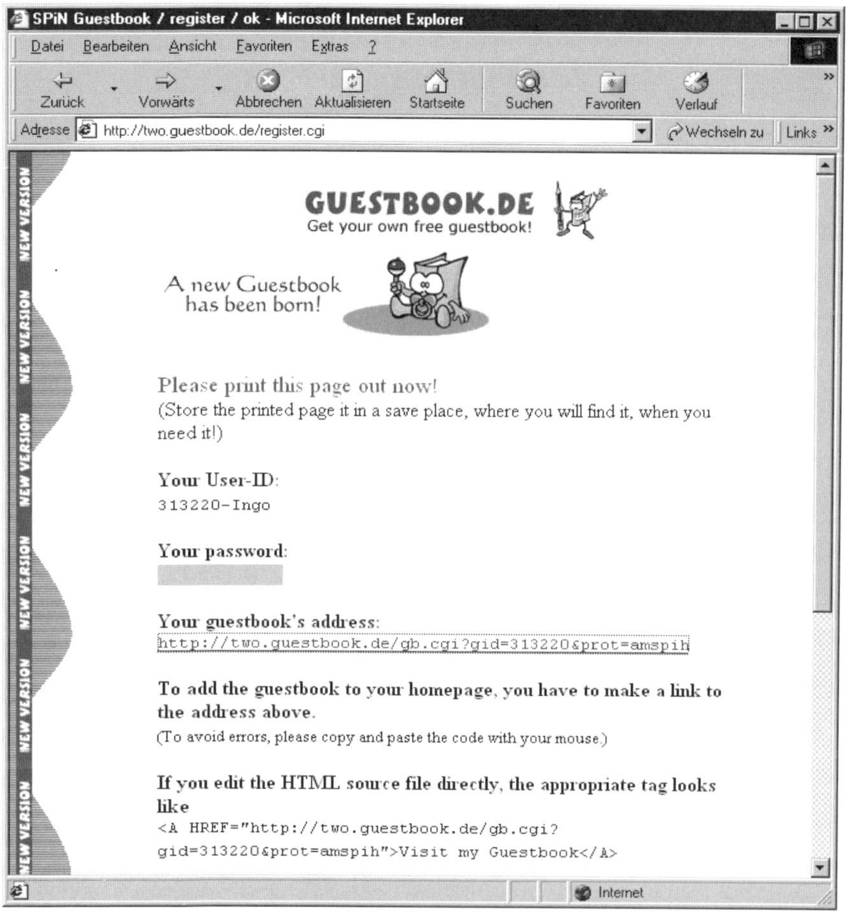

6 Etwas weiter unten finden Sie eine Zeile, die mit »<A HREF« beginnt. Kopieren Sie diese Zeile in Ihre Homepage, und Sie haben einen Link auf Ihr neues Gästebuch.

Damit ist Ihr Gästebuch angelegt. Man kann aber noch einige Feinheiten einstellen, indem man auf das Control-Center klickt.

Bedienung des Gästebuches

Das Gästebuch ist zwar mit ein wenig Werbung versehen, aber das Aussehen lässt sich noch verbessern. Wenn man seine Homepage mit einem Hintergrundbild versehen hat, kann man dieses dem Gästebuch zuweisen.

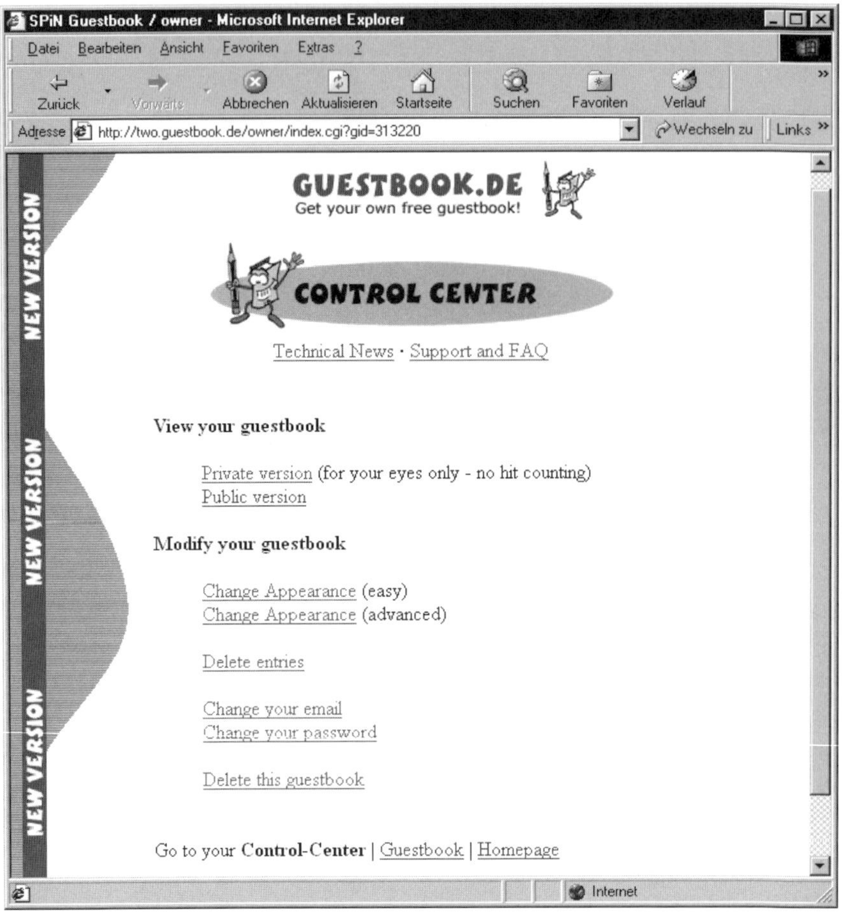

Außerdem können noch viele andere Optionen eingestellt werden. Dazu können Sie einfach die »Administratorseite« aufrufen (User-ID und Passwort sind dafür notwendig) und alle gewünschten Einstellungen vornehmen. Dort ist es auch möglich, Einträge zu entfernen, die in Ihrem Gästebuch unerwünscht sind.

Wie verwendet man bestimmte Marken?

Sie haben nun einen Einblick in alle Bereiche erhalten, die HTML bietet. Es gibt allerdings noch einige Marken, die nicht in diese Bereiche einzuordnen sind.

Trennlinien ziehen

Das Aussehen einer Seite kann wesentlich verbessert werden, wenn man die einzelnen Abschnitte durch Trennlinien absetzt. So eine Linie erzeugt man mit der Marke `<HR>`.

```
Normale Trennlinie<BR>

<HR>
```

Die Größe einer solchen Linie kann mit dem Attribut `SIZE` festgelegt werden. Der übergebene Wert gibt die Höhe der Linie in Punkt an.

```
Größe 5<BR>

<HR SIZE=5>
```

Normalerweise wird so eine Trennlinie dreidimensional (mit Schatten) dargestellt. Wenn Sie allerdings ein zweidimensionales Gebilde vorziehen, bewirkt das Attribut `NOSHADE`, dass die Trennlinie als normales Rechteck erscheint.

```
Ohne Schatten<BR>

<HR NOSHADE>
```

Wenn Sie keine komplette Linie benötigen, sondern diese nur eine bestimmte Breite des Bildschirms umfassen soll, können Sie das Attribut `WIDTH` setzen. Hier sind wieder absolute und prozentuale Werte erlaubt. Mit dem Attribut `ALIGN` und dessen Werten »CENTER«, »LEFT« und »RIGHT« können Sie problemlos die Ausrichtung der Linie festlegen.

```
Halbe Linien (zentriert, links, rechts)<BR>

<HR WIDTH=50%>

<HR WIDTH=50% ALIGN="LEFT">

<HR WIDTH=50% ALIGN="RIGHT">
```

Die Beispiele für Trennlinien sehen in einem Browser später so aus:

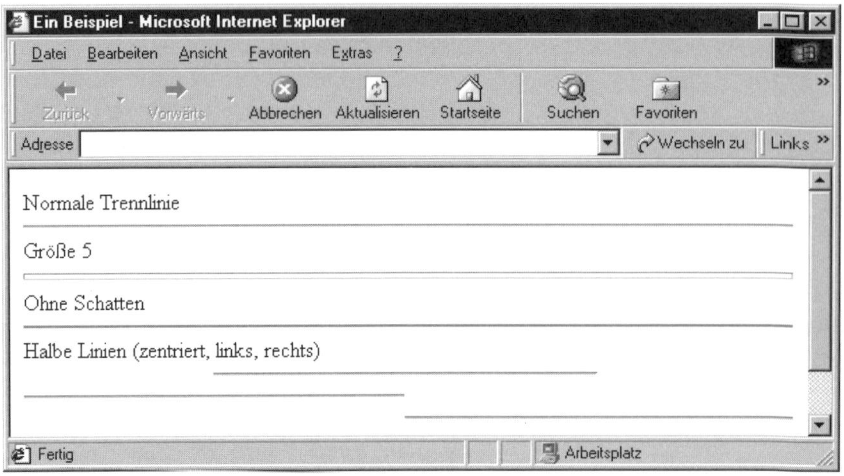

Kommentare einfügen

Der Quelltext einer HTML-Seite wird schnell unübersichtlich. Dann wird es oft notwendig, Kommentare einzufügen, die zwar im Quellcode auftauchen, auf der Seite aber nicht zu sehen sind. Deshalb ignorieren alle Browser Texte, die in der Marke <!-- --> eingeschlossen sind.

```
<BODY>

<!-- Hier wird das Wort TEST ausgegeben. -->

TEST

<!-- Dieser Kommentar bleibt unsichtbar. -->

</BODY>
```

Wenn Sie vorübergehend einen Teil Ihrer Homepage unsichtbar machen wollen, können Sie die betreffenden Marken mit der Kommentarmarke umschließen. Wenn Sie diese Marke später entfernen, erscheint der betreffende Teil wieder.

Wie funktioniert JavaScript?

Es gibt im Homepage-Bereich noch einige weitere Aspekte, die den Rahmen dieses Buches sprengen würden. Dennoch möchte ich Ihnen einen kleinen Vorgeschmack auf ein ganz spezielles Themengebiet geben: JavaScript.

Was ist JavaScript?

Bei JavaScript handelt es sich um normalen Text, der in der HTML-Datei mitgeführt wird. Dieser Text wird dann vom Browser bearbeitet und wie ein kleines Programm behandelt. Ein Script wird in HTML immer mit der Marke `<SCRIPT>...</SCRIPT>` umschlossen. Dem Attribut `LANGUAGE` wird mitgeteilt, um welche Scriptsprache es sich handelt. In unserem Fall also »JavaScript«. Ich werde jetzt ein paar nützliche Beispiele angeben, weise aber ausdrücklich darauf hin, dass ich hier nicht auf die Einzelheiten der JavaScript-Programmierung eingehen werde. Wenn Sie diese »Bausteine« benutzen möchten, wie sie sind, können Sie diese einfach in Ihre Homepage übernehmen. Vielleicht werden Sie ja dadurch inspiriert, sich noch ein wenig umfangreicher mit diesem Thema zu beschäftigen.

Das Aktualisierungsdatum anzeigen

Wenn man dem Betrachter auf einen Blick mitteilen möchte, ob sich an der Seite seit seinem letzten Besuch etwas geändert hat, kann man ein Aktualisierungsdatum anzeigen. Wenn Sie sich die Mühe sparen möchten, es bei jeder Änderung selbst anzupassen, können Sie an der entsprechenden Stelle in Ihrem HTML-Text einfach folgendes Script verwenden:

```
<SCRIPT LANGUAGE="JavaScript">
<!--
document.write("Diese Seite wurde aktualisiert am: " + document.last-
Modified);
//-->
</SCRIPT>
```

Wenn Sie sich das Ergebnis mit einem Browser ansehen, erscheint folgendes Bild:

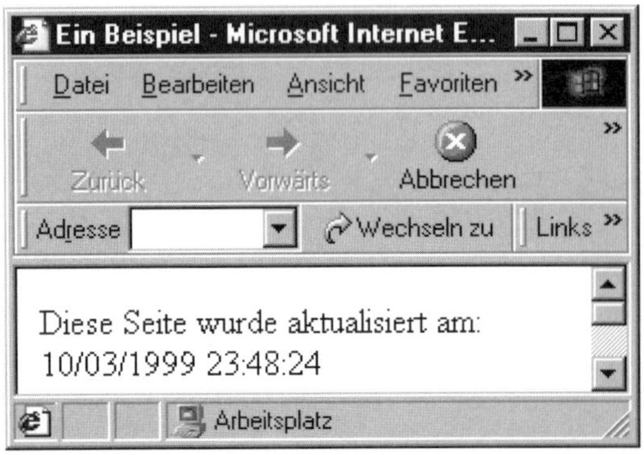

Woher weiß der Browser auf einmal, wann die Seite geändert wurde? Vielleicht wissen Sie, dass in jeder Datei das Erstellungs- und Aktualisierungsdatum abgespeichert wird. Der oben gezeigte Quelltext fragt genau diese Angabe aus der aktuellen HTML-Datei ab und schreibt sie selbständig auf den Bildschirm.

Verschiedene Browser unterscheiden

Im Kapitel über Musik haben Sie schon ein Problem verschiedener Browser erkannt. Sie benutzen teilweise verschiedene Marken, um das gleiche auszudrücken. Wenn Netscape Musik im Hintergrund abspielen soll, ist die Marke <EMBED> notwendig. Der Internet Explorer hat die Nebenwirkung, auch bei der Verwendung von HIDDEN=TRUE den Platz auf dem Bildschirm freizulassen, an dem die Anwendung erscheinen sollte. Deshalb verwendet man dafür besser <BGSOUND>, was der Netscape aber nicht versteht. Wenn man diesen Konflikt lösen will, kann man wieder ein JavaScript einfügen:

```
<SCRIPT LANGUAGE="JavaScript">
<!--
if(navigator.userAgent.indexOf("Macintosh") == -1)
{
if(navigator.appName == "Netscape") document.writeln("<EMBED
SRC=ein_song.mid AUTOSTART=TRUE HIDDEN=TRUE>");
else document.writeln("<BGSOUND SRC=ein_song.mid>");
}
//-->
</SCRIPT>
```

Dieses Script überprüft zuerst, ob der Betrachter einen Macintosh verwendet. Wenn das der Fall ist, wird gar keine Musik abgespielt. Andernfalls wird geprüft, ob es sich um einen Netscape oder Internet Explorer handelt. Je nachdem wird die Zeile

```
<EMBED SRC=ein_song.mid AUTOSTART=TRUE HIDDEN=TRUE>
```

für den Netscape oder

```
<BGSOUND SRC=ein_song.mid>
```

für den Internet Explorer in den HTML-Text eingefügt. Bitte beachten Sie dabei, dass Sie keine Anführungszeichen verwenden dürfen, da diese bereits für das Script geöffnet wurden.

Wenn Sie einen guten Eindruck machen wollen, können Sie das folgende Script in Ihre Seite einbinden:

```
<HTML>
<HEAD>
<SCRIPT LANGUAGE="JavaScript">
<!--
function status_line(x)
{
var msg  = "Dieses Buch stammt aus der Gewusst-Wie-Reihe des
Markt&Technik Buch- und Software-Verlages!";var out = " ";
var c   = 1;
var e   = 120;
if (x > e)
{
x--;
var cmd="status_line(" + x + ")";
timerTwo=window.setTimeout(cmd,100);
}
else if (x <= e && x > 0)
{
for (c=0 ; c < x ; c++)
{
out+=" ";
}
```

```
out+=msg;
x--;
var cmd="status_line(" + x + ")";
window.status=out;
timerTwo=window.setTimeout(cmd,100);
}
else if (x <= 0)
{
if (-x < msg.length)
{
out+=msg.substring(-x,msg.length);
x--;
var cmd="status_line(" + x + ")";
window.status=out;
timerTwo=window.setTimeout(cmd,100);
}
else
{
window.status=" ";
timerTwo=window.setTimeout("status_line("+e+")",100);
}
}
}
// -->
</SCRIPT>
<TITLE>Eine Laufschrift</TITLE>
</HEAD>
<BODY ONLOAD="timerONE=window.setTimeout('status_line(120)',100);">
<H1>Achten Sie bitte auf die Statusleiste!</H1>
</BODY>
</HTML>
```

Mit diesem Programm erscheint der Text, welcher der Variable `MSG` zugeordnet wurde, in der Statusleiste des Browsers als Laufschrift.

Bitte beachten Sie, dass dieses Script durch den Aufruf

```
ONLOAD="timerONE=window.setTimeout('status_line(120)',100);"
```

in der Marke `<BODY>` gestartet werden muss.

Ich habe noch ein weiteres JavaScript-Beispiel für Sie vorbereitet. Es gibt das aktuelle Datum als Kalenderblatt aus:

```
<HTML>
<HEAD>
<TITLE>Ein Kalender</TITLE>
</HEAD>
<BODY BGCOLOR="#c0c0c0">
<H1>Ein Kalender</H1>
<TABLE BORDER=5>
<TR>
<TD BGCOLOR="#ffffff">
<CENTER>
<FONT FACE="Arial">
<SCRIPT LANGUAGE="JavaScript">
<!--
heute = new Date();
if (heute.getDay()==0)
{
  document.write("<FONT COLOR=#FF0000>Sonntag");
```

```
}
else if (heute.getDay()==1)
{
  document.write("<FONT COLOR=#000000>Montag");
}
else if (heute.getDay()==2)
{
  document.write("<FONT COLOR=#000000>Dienstag");
}
else if (heute.getDay()==3)
{
  document.write("<FONT COLOR=#000000>Mittwoch");
}
else if (heute.getDay()==4)
{
  document.write("<FONT COLOR=#000000>Donnerstag");
}
else if (heute.getDay()==5)
{
  document.write("<FONT COLOR=#000000>Freitag");
}
else if (heute.getDay()==6)
{
  document.write("<FONT COLOR=#000000>Samstag");
}
document.write("<BR><FONT SIZE=+3>",heute.getDate(),"</FONT><BR>");
if (heute.getMonth()==0)
{
  document.write("Januar");
}
else if (heute.getMonth()==1)
```

```
{
  document.write("Februar");
}
else if (heute.getMonth()==2)
{
  document.write("März");
}
else if (heute.getMonth()==3)
{
  document.write("April");
}
else if (heute.getMonth()==4)
{
  document.write("Mai");
}
else if (heute.getMonth()==5)
{
  document.write("Juni");
}
else if (heute.getMonth()==6)
{
  document.write("Juli");
}
else if (heute.getMonth()==7)
{
  document.write("August");
}
else if (heute.getMonth()==8)
{
  document.write("September");
}
```

```
else if (heute.getMonth()==9)
{
  document.write("Oktober");
}
else if (heute.getMonth()==10)
{
  document.write("November");
}
else if (heute.getMonth()==11)
{
  document.write("Dezember");
}
document.write("</FONT>");
-->
</SCRIPT>
</FONT>
</CENTER>
</TABLE>
</BODY>
</HTML>
```

Dieses Script wird direkt in den <BODY> der Homepage eingefügt. Es sollte genau an der Stelle stehen, an welcher der Kalender auftreten soll. Wie Sie sicher schon bemerkt haben, können Sie das Schriftbild auch außerhalb des Scripts ändern. Die Schriftfarbe wird allerdings im Programm selbst definiert, damit der Sonntag immer rot und die Wochentage schwarz erscheinen.

Ein Kalender - Microsoft Internet Expl...
Datei
Bearbeiten
Ansicht
Favoriten
Zurück
Vorwärts
Abbrechen
Adresse
Wechseln zu
Links
Ein Kalender
Sonntag
3
Oktober
Arbeitsplatz

Wie funktionieren Style Sheets?

Sicher haben Sie schon festgestellt, dass es recht aufwendig werden kann, wenn Sie Ihrer Homepage einen eigenen Charakter geben und deshalb einen bestimmten Stil auf jeder einzelnen Seite beibehalten wollen. Sie müssen einerseits alle Details mehrmals schreiben, obwohl sie immer gleich sind. Andererseits haben Sie es sehr schwer, wenn Sie das Erscheinungsbild aller Seiten gleichermaßen ändern wollen. Stellen Sie sich einmal vor, Sie hätten 100 einzelne HTML-Dateien, die einen gelben Hintergrund und schwarze Schrift haben, weil Sie BVB-Dortmund-Fan sind (OK. Denken Sie sich einfach die Farben Ihres Lieblingsvereins, wenn Ihnen das besser gefällt.) Jetzt steigt dieser Verein allerdings ab, und Sie möchten andere Farben verwenden. Dann müssen Sie in allen 100 Dateien die Farbdefinition ändern. So etwas kann einige Zeit dauern und ist wirklich nervtötend. Es gibt allerdings eine Lösung: »Style Sheets«.

Bei einem »*Style Sheet*« (englisch, heißt etwa soviel wie »Stil-Seite«) handelt es sich um eine HTML-Datei, die definiert, wie bestimmte HTML-Elemente angezeigt werden sollen. Jede Seite, die sich auf dieselbe Stil-Datei beruft, hat das gleiche Erscheinungsbild. Deshalb kann man durch eine kleine Änderung in nur einer Datei die ganzen 100 Seiten an die neuen Vorgaben anpassen. Ist das Etwas für Sie? Also los!

Eine Stil-Datei anlegen

Bevor Sie allen Internetseiten einen Stil zuordnen können, müssen Sie erst einmal die Eigenschaften festlegen. Dazu öffnen Sie wie gewohnt Ihren Texteditor und definieren die Textdatei, die eine Stil-Datei werden soll. Anders als bei HTML-Dateien wird nur ein Merkmal benötigt, um eine normale Textdatei in ein »Style Sheet« zu verwandeln. Speichern Sie die Datei einfach unter »meinstil.css« in Ihrem Homepage-Verzeichnis ab. Richtig! Das Merkmal ist die Dateiendung .CSS (»Cascading Style Sheet«). Damit haben Sie Ihren ersten eigenen Homepage-Stil erstellt.

Ein Style Sheet einbinden

Nun müssen Sie Ihrer Homepage erst einmal beibringen, dass sie den neuen Stil verwenden soll. Nehmen Sie einmal an, dass Sie die folgende HTML-Datei geschrieben haben:

```
<HTML>

<HEAD>

<TITLE>Diese Seite verwendet eine Stil Datei</TITLE>

</HEAD>
```

```
<BODY>
<H1>Überschrift 1</H1>
<H2>Überschrift 2</H2>
<H3>Überschrift 3</H3>
<H4>Überschrift 4</H4>
<H5>Überschrift 5</H5>
<H6>Überschrift 6</H6>
Normaler Text<BR>
<A HREF="a.htm">Ein Link</A>
</BODY>
</HTML>
```

Das sieht dann etwa so aus:

Hier werden also die ganz normalen Standardeinstellungen verwendet. Jetzt fügen Sie bitte die folgende Zeile in den Kopf Ihrer HTML-Datei ein:

```
<LINK REL=STYLESHEET HREF="meinstil.css" TYPE="text/css">
```

Jetzt haben Sie Ihrer Homepage die Stil-Datei »meinstil.css« zugewiesen. Die Attribute `REL` und `TYPE` geben mit den Werten `STYLESHEET` und `"text/css"` an, dass Sie einen Stil einbinden möchten. Um welche Stil-Datei es sich genau handelt, übergeben Sie wie gewohnt mit dem HREF-Attribut. Das ist eigentlich schon alles, was es zur Marke `<LINK>` zu sagen gibt.

Natürlich wird Ihre Homepage noch nicht großartig verändert, denn Ihre Stil-Datei ist noch leer. Das werden Sie aber sofort ändern!

Den eigenen Stil definieren

In einer Stil-Datei lassen sich sehr viele Homepage-Elemente einstellen. Ich werde Ihnen in den folgenden Unterkapiteln ein wenig mehr über einige ausgewählte Elemente berichten:

Wie definiert man Farben?

Tragen Sie bitte den folgenden Text in Ihre Stil-Datei ein:

```
H1

{

color: #800000;

}

H2

{

color: #c00000;

}

H3

{

color: #ff0000;

}

H4

{

color: #ff8080;

}

H5

{

color: #ffc0c0;
```

```
}
H6
{
color: #ffffff;
}
```

Hier haben Sie das Erscheinungsbild für Überschriften der ersten bis sechsten Ordnung festgelegt. Immer wenn in Ihrem Quelltext die Marke <H1> auftaucht, wird die Farbe »Dunkelrot« eingestellt. Jede weitere Überschrift erhält einen helleren Rot-Ton.

Hinweis

Die Schreibweise ist sicher erst ein wenig ungewohnt, denn sie unterscheidet sich im Wesentlichen von der HTML-Sprache durch folgende Merkmale:
Die Marken, deren Erscheinungsbild verändert werden soll, werden ohne Klammern »<>« geschrieben.
Die Änderungen für eine Marke werden durch geschweifte Klammern »{}« umschlossen.
Die geänderten Attribute werden meist durch andere Bezeichnungen angesprochen als in HTML. Die Werte werden nach dem Doppelpunkt angegeben. Nach jeder Zuweisung muss ein Semikolon stehen.

Schriftarten definieren

Die Farben zu ändern, ist ja ganz nett. Allerdings wären andere Schriftarten aber auch nicht schlecht, oder? Los geht's!

```
H1
{
color: #800000;
font-family: "Arial";
font-size: 25pt;
}
H2
{
color: #c00000;
font-family: "Arial";
font-size: 22pt;
}
H3
{
color: #ff0000;
font-family: "Arial";
font-size: 20pt;
}
H4
{
color: #ff8080;
font-family: "Times New Roman";
font-size: 18pt;
}
H5
{
color: #ffc0c0;
font-family: "Times New Roman";
```

```
font-size: 14pt;
}
H6
{
color: #ffffff;
font-family: "Times New Roman";
font-size: 12pt;
}
```

Hier haben Sie also den ersten drei Überschriften die Schriftart (Attribut: font-family) »Arial« und den letzten drei die Schriftart »Times New Roman« zugewiesen. Außerdem wird die Schriftgröße (Attribut: font-size) immer kleiner. Die Einheit »pt« steht für Bildpunkte. Sie können aber auch eine Zentimeterangabe »cm« eintragen.

Die Textausrichtung definieren

Durch eine spezielle Textausrichtung kann man noch mehr Struktur in die Homepage bringen. So kann man mit `margin-left`, `margin-right` und `margin-top` den Abstand vom Rand einstellen. Man übergibt Werte mit der Einheit »pt« oder »cm«. Das Attribut `text-align` kann die folgenden Werte annehmen:

Wert	Auswirkung
`left`	Der Text wird zum linken Rand hin ausgerichtet.
`center`	Der Text wird zentriert.
`right`	Der Text wird zum rechten Rand hin ausgerichtet.

Außerdem steht Ihnen noch die Möglichkeit offen, den Einzug vom linken Rand anzugeben. Das erreichen Sie mit dem Attribut `text-indent`.

```
BODY
{
margin-left: 1cm;
margin-right: 1cm;
margin-top: 2cm;
}
H1
{
color: #800000;
font-family: "Arial";
font-size: 25pt;
}
H2
{
color: #c00000;
font-family: "Arial";
font-size: 22pt;
text-indent: 1cm
}
H3
```

```
{
color: #ff0000;
font-family: "Arial";
font-size: 20pt;
text-indent: 2cm
}
H4
{
color: #ff8080;
font-family: "Times New Roman";
font-size: 18pt;
text-align: center;
}
H5
{
color: #ffc0c0;
font-family: "Times New Roman";
font-size: 14pt;
text-align: center;
}
H6
{
color: #ffffff;
font-family: "Times New Roman";
font-size: 12pt;
text-align: center;
}
```

Den Schriftstil definieren

Es gibt in Stil-Dateien auch die Möglichkeit, den Text kursiv, fett und sogar unter- bzw. durchgestrichen anzuzeigen. Hierzu verwendet man `font-weight` und `text-decoration`.

Hier die Werte für Font Weight:

Wert	Auswirkung
`extra-light`	Der Text wird sehr dünn dargestellt.
`light`	Der Text wird dünn dargestellt.
`medium`	Der Text wird normal dargestellt.
`bold`	Der Text wird fett dargestellt.
`extra-bold`	Der Text wird sehr fett dargestellt.

Und hier für Text Decoration:

Wert	Auswirkung
none	Normale Textdarstellung
underline	Der Text wird unterstrichen.
line-through	Der Text wird durchgestrichen.

In diesem Beispiel können Sie das so einbauen:

```
BODY
{
margin-left: 1cm;
margin-right: 1cm;
margin top: 2cm;
}
H1
{
color: #800000;
font-family: "Arial";
font-size: 25pt;
font-weight: extra-bold;
}
H2
{
color: #c00000;
font-family: "Arial";
font-size: 22pt;
text-indent: 1cm;
font-weight: bold;
}
H3
{
color: #ff0000;
```

```
font-family: "Arial";
font-size: 20pt;
text-indent: 2cm;
font-weight: medium;
}
H4
{
color: #ff8080;
font-family: "Times New Roman";
font-size: 18pt;
text-align: center;
font-style: italic;
font-weight: medium;
}
H5
{
color: #ffc0c0;
font-family: "Times New Roman";
font-size: 14pt;
text-align: center;
text-decoration: underline;
font-weight: light;
}
H6
{
color: #ffffff;
font-family: "Times New Roman";
font-size: 12pt;
text-align: center;
```

```
text-decoration: line-through;
font-weight: extra-light;
}
```

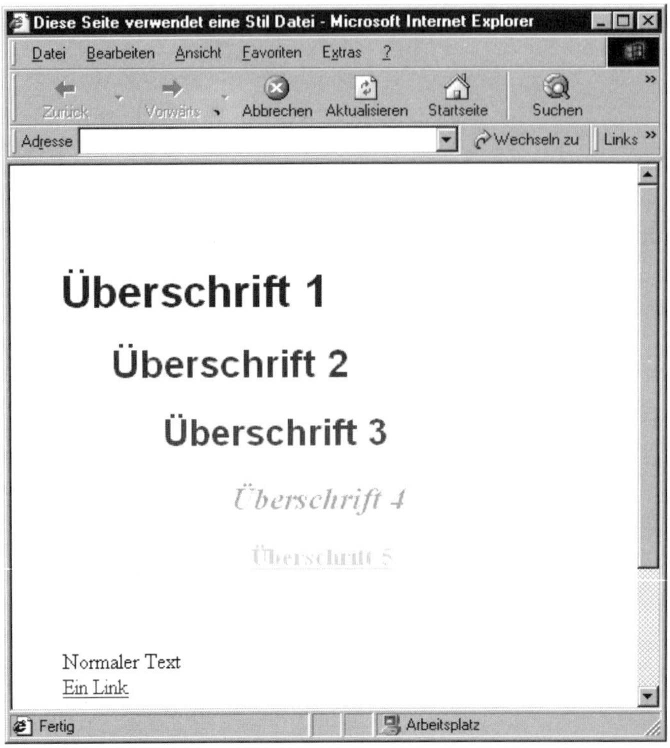

Den Hintergrund definieren

Um die Funktionalität von »Style Sheets« abzurunden, möchte ich noch die Einbindung des Hintergrundes ansprechen. Dafür wird nur das Attribut `background` benötigt, dem man sowohl eine Farbe als RGB-Kodierung als auch die Adresse eines Hintergrundbildes zuweisen kann. Bitte ändern Sie die Definition der <BODY>-Marke so ab:

```
BODY
{
margin-left: 1cm;
margin-right: 1cm;
margin-top: 2cm;
background: "ein_bild.gif";
}
```

Die Attribute im Überblick

Hier noch einmal alle Attribute im Überblick:

Attribut	Beschreibung	Werte	Beispiel
`font-size`	Legt die Textgröße fest	pt (Bildpunkte) cm (Zentimeter)	`font-size: 10pt;`
`font-family`	Legt die Schriftart fest	Name der Schriftart	`font-family: "Arial";`
`font-weight`	Gibt die Schriftstärke an	extra-light light medium bold extra-bold	`font-weight: bold;`
`font-style`	Gibt den Schriftstil an	normal italic	`font-style: normal;`

Attribut	Beschreibung	Werte	Beispiel
`line-height`	Legt den Abstand zwischen den Grundlinien des Textes fest	pt (Bildpunkte) cm (Zentimeter) % (Prozent)	`line-height: 20pt`
`color`	Legt die Textfarbe fest	RGB-Kodierung	`color: #ff0000;`
`text-decora-tion`	Legt fest, ob Text unterstrichen werden soll	none underline line-through	`text-decoration: underline;`
`margin-left`	Gibt den Abstand zum linken Rand an	pt (Bildpunkte) cm (Zentimeter)	`margin-left: 1cm;`
`margin-right`	Gibt den Abstand zum rechten Rand an	pt (Bildpunkte) cm (Zentimeter)	`margin-right: 1cm;`
`margin-top`	Gibt den Abstand zum oberen Rand an	pt (Bildpunkte) cm (Zentimeter)	`margin-top: 2cm;`
`text-align`	Legt die Textausrichtung fest	left center right	`text-align: center;`
`text-indent`	Legt fest, wie weit der Text vom linken Rand eingerückt werden soll	pt (Bildpunkte) cm (Zentimeter)	`text-indent: 0.5cm;`
`background`	Gibt das Hinter-grundbild oder die Hintergrundfarbe an	Adresse RGB-Kodierung	`Background: #c0c0c0;`

Wie veröffentlicht man eine Homepage?

Sie haben nun das nötige Wissen, um anspruchsvolle Internetseiten zu erstellen. Bislang liegen sie aber immer noch auf Ihrer Festplatte. Wie gelangen die Seiten nun in das weltweite Datennetz?

Eine Seite hochladen

Ihr Internet-Dienstanbieter hat für Sie Festplattenspeicher reserviert. Es gibt viele verschiedene Arten, wie man die Dateien dorthin kopieren kann. Ich möchte das am Beispiel von FTP einmal beschreiben.

Ein gängiges FTP-Programm heißt WS-FTP. Wenn man dieses startet, muss man angeben, auf welchem Server die Seiten abgelegt werden sollen. Außerdem muss die Zugangsberechtigung (Nutzerkennung und Passwort) angegeben werden. Bei AOL würde das dann so aussehen:

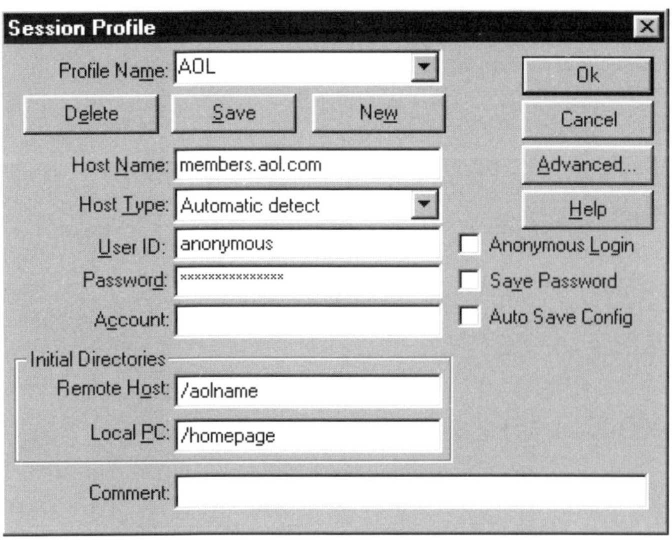

Jetzt kann man eine Verbindung aufbauen und die gewünschten Daten auf den Homepageserver bringen. Bitte beachten Sie, dass Sie alle Unterverzeichnisse genauso auf dem Server anlegen, wie sie in Ihrem Verzeichnis C:\HOMEPAGE vorhanden sind, denn sonst werden Ihre Seiten nicht richtig aufgebaut. Sobald Ihre Homepage abgelegt ist, können

Sie mit einem Browser Ihre Adresse aufrufen und überprüfen, ob alle Dateien aktualisiert sind und alles richtig angezeigt wird.

Wie wird eine Seite populär?

Für Firmen ist es aus Werbegründen wichtig, dass viele Internetanwender die Seiten sehen. Selbst wenn Sie Ihre Seite mit privaten Inhalten füllen, möchten Sie sicher, dass viele Anwender Ihre Homepage besuchen. Deshalb sollten Sie sich überlegen, wie die neuen Seiten populär werden.

Wie wäre es mit Suchmaschinen?

Wenn Sie spezielle Themen auf Ihrer Seite behandeln, können Sie die Adresse der Homepage in Internet-Suchdiensten eintragen. Die wohl berühmtesten sind Yahoo (*http://www.yahoo.com*) und Lycos (*http://www.lycos.com* oder *http://www.lycos.de*).

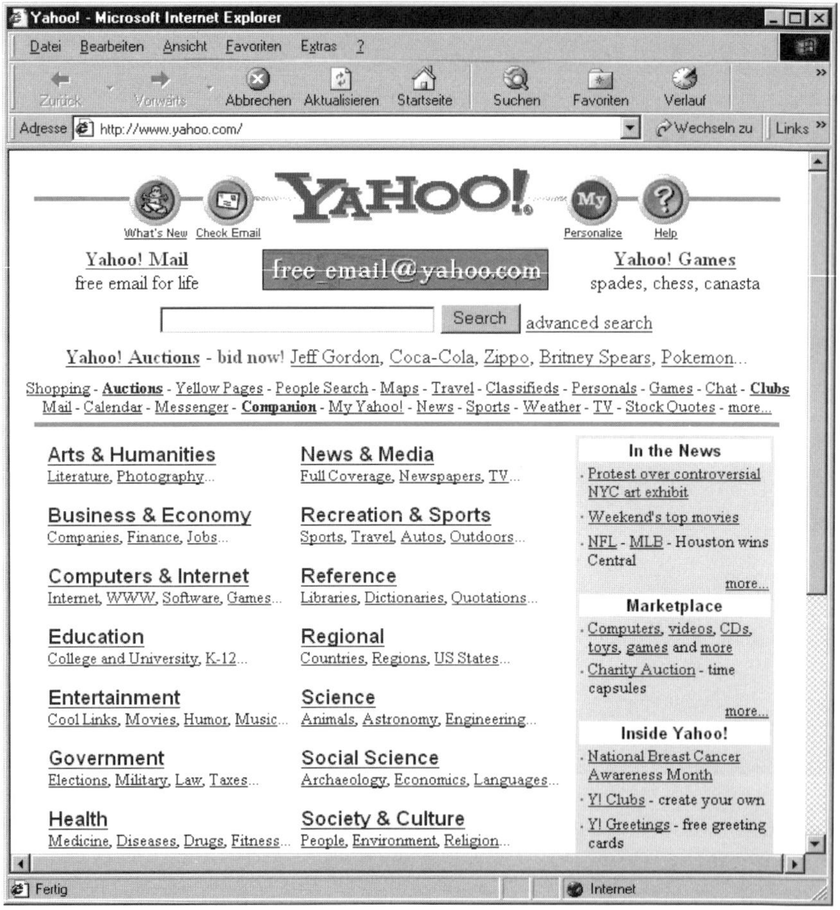

Wie gelangt man auf die Leserseite?

Wenn Sie einmal nachsehen wollen, was andere Leser dieses Buches auf die Beine gestellt haben, sollten Sie einmal die Leserseite (*http://www.dellwig.de/buecher*) betrachten. Natürlich können Sie sich auch selbst eintragen, damit andere Leser wiederum Ihre Seite finden.

> **Hinweis**
>
> Die Leserseite wird von mir selbst gewartet. Bitte haben Sie Verständnis, dass ich manchmal nur einmal im Monat dazu komme Ihre Emailadresse einzutragen. Normalerweise gehen keine Emails verloren. Wenn Sie jedoch länger als sechs Wochen auf Ihren Eintrag warten, wiederholen Sie bitte die Anforderung.

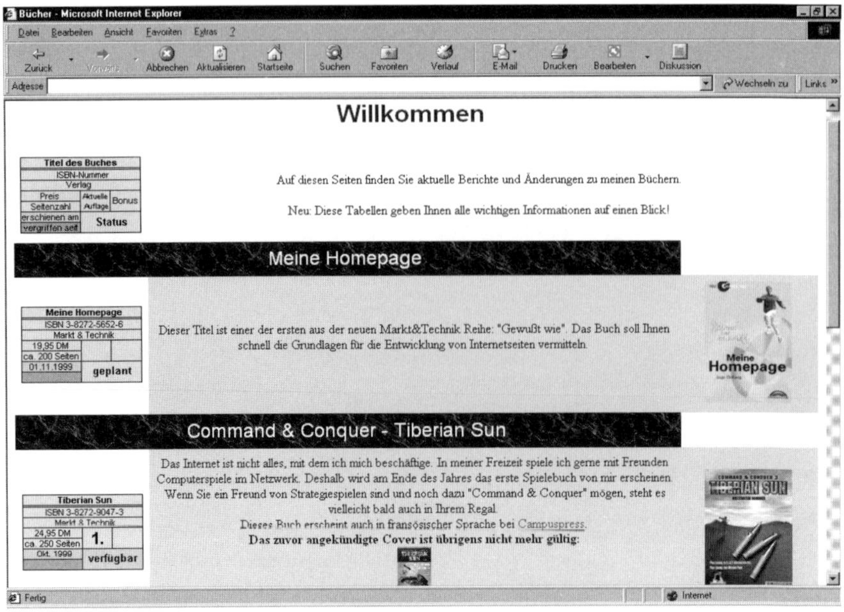

Wie sieht es mit Verknüpfungen von anderen Seiten aus?

Sie haben doch bestimmt Bekannte, die auch eine Homepage im Internet abgelegt haben. Fragen Sie sie doch einfach mal, ob sie eine Verknüpfung auf Ihre Seite einfügen. Viele Institutionen (Universitäten, Vereine ...) bieten Ihren Mitgliedern die Möglichkeit, sich in ein Verzeichnis im Internet einzutragen.

▶ Tipp

Manchmal kann man sogar selbst Verknüpfungen in andere Seiten einfügen. Das Zauberwort heißt hier „Gästebuch". Tragen Sie sich in so viele Gästebücher wie möglich ein und Sie werden sehen, dass viele Gästebuchinhaber Ihrer Seite einen Gegenbesuch abstatten werden. So lernen Sie die unterschiedlichsten Leute kennen und knüpfen ganz schnell Kontakte zu anderen Homepagebesitzern.

Was muss man bei der Planung beachten?

Sie kennen nun die Grundlagen der HTML-Programmierung und können selbst Internetseiten erstellen und veröffentlichen. Bevor Sie jedoch direkt mit der Programmierung einer Homepage beginnen, sollten Sie sich einige wichtige Gedanken zum Inhalt und zur Gestaltung machen. Sie fragen sich nun bestimmt: »Warum befindet sich dieses Kapitel am Ende des Buches?« Die Antwort ist ganz einfach. Ich werde Ihnen einige Beispiele nennen, die Ihnen zeigen, wie Sie sich mit HTML auskennen.

Vor der Programmierung

Zuallererst machen Sie sich ein wenig Gedanken über den Inhalt Ihrer Seiten. Gehen Sie doch einmal den folgenden Fragenkatalog durch, und prüfen Sie, ob Sie an alles gedacht haben.

Was möchte ich mit meiner Homepage vermitteln?
Welche Inhalte sollen vorkommen?
Zum Beispiel:

Private Homepage: Hobbies, Interessen, Bekanntenkreis, Lieblingsspiele, Beruf, eben alles, was Ihnen Spaß macht

Homepage eines Vereins: Vorstellung des Vereins, die Mitglieder, Veranstaltungen und Termine, Satzung

Gewerbliche Homepage: Firmenbeschreibung, Angebote, Produktinformationen, Treiber, Mitarbeiter, Termine, Adresse, Wegbeschreibung

Wen soll die Seite ansprechen?

Private Homepage: Freunde, Bekannte, evtl. den neuen Arbeitgeber, der Ihre Homepage-Adresse in den Bewerbungsunterlagen fand

Homepage eines Vereins: Die Mitglieder, die sich über Neuigkeiten informieren wollen, Personen, die noch Mitglied werden wollen und sich noch nicht entschieden haben, welchem Verein sie beitreten

Gewerbliche Homepage: In erster Linie sollte die Homepage die Kunden ansprechen. Es informieren sich aber auch Bewerber im Internet, um einen ersten Eindruck vom Unternehmen zu bekommen

Was müssen Ihre Seiten bewirken?

Private Homepage: Wenn Sie kein Ziel verfolgen (wie z.B. Bewerbung), sollten Sie Ihrer Fantasie freien Lauf lassen, denn es ist nicht so wichtig, welche Wirkung die Seite auf den Betrachter hat. Der Spaß steht eindeutig im Vordergrund.

Homepage eines Vereins: Die Homepage sollte den Verein repräsentieren und neue Mitglieder werben, indem sie neugierig macht.

Gewerbliche Homepage: In diesem Bereich ist der Eindruck, den eine Seite auf den Betrachter macht, besonders wichtig, denn ein Kunde sollte sich angesprochen fühlen und sofort finden, was er sucht. Deshalb ist es sehr wichtig, dass die Homepage übersichtlich gestaltet ist. Es liegt natürlich im Interesse der Firma, dass der Kunde die Produkte im Gedächtnis behält und sie beim nächsten Einkauf berücksichtigt. Der Werbe-Effekt steht dabei also im Vordergrund.

Welche HTML-Elemente sollen verwendet werden?

Private Homepage: Auch hier gilt: Gut ist, was gefällt.

Homepage eines Vereins: Es macht immer einen guten Eindruck, wenn man die Homepage farbig ein wenig den Vereinsfarben anpasst. Des Weiteren ist es von Vorteil, wenn man die Seiten mit Grafik verziert.

Gewerbliche Homepage: Von diesen Seiten erwartet man, dass sie technisch und inhaltlich auf dem aktuellen Stand sind. Es empfiehlt sich also, neue Trends mitzumachen, wenn Sie technisch mit dem Erscheinungsbild der Seiten vereinbar sind. Grafik, Tabellen und Formulare gehören bei gewerblichen Seiten zur Grundausstattung.

Wie kompatibel müssen Homepages sein?

Private Homepage: Wenn Sie einen bestimmten Browser verwenden und Ihre Seiten dafür optimiert haben, geben Sie diese Information einfach an den Betrachter weiter. Niemand wird Sie zwingen, die Seite auf alle Browser abzustimmen.

Homepage eines Vereins: Sie sollten die Homepage für die gängigsten Browser (Microsoft Internet Explorer und Netscape Navigator) optimieren. Es ist sicher nicht verkehrt, die Seiten ebenfalls für reine Textbrowser zu erstellen (ist aber heutzutage fast überflüssig).

Gewerbliche Homepage: Sie sollten versuchen, es so vielen Betrachtern wie möglich recht zu machen. Achten Sie darauf, dass Ihre Seiten bei den meisten Ihnen bekannten Browsern (auch in verschiedenen Versionen) gleich oder zumindest ähnlich aussehen. Nur so ist ein Wiedererkennungseffekt gewährleistet. Sie sollten bedenken, dass manche Browser keine Tabellen, Rahmen oder gar Grafiken unterstützen. Bieten Sie diesen Anwendern einen geeigneten Kompromiss. Wenn Sie ausländische Kunden auf Ihren Seiten begrüßen dürfen, sollten Sie diesen Ihre Homepage in deren Muttersprache präsentieren können. Englisch ist schon fast Pflichtsprache geworden.

Wo liegen die Grenzen von Internetseiten?

Generell gilt für alle Homepages: Eine Internetseite kann niemals ein persönliches Gespräch ersetzen. Sie soll informieren und zum persönlichen Kontakt anregen.

Rechtliche Einschränkungen: Bitte beachten Sie die Rechtsprechung in dem Land, in dem Sie Ihre Seiten veröffentlichen. Es ist in Deutschland nicht alles erlaubt, was man in den USA problemlos schreiben darf. Sie sollten immer bedenken, dass man Ihre Homepage weltweit einsehen kann, und Sie sollten sich so verhalten, dass kein schlechtes Licht auf Sie oder Ihr Land fällt.

Während der Programmierung

Wenn Sie wissen, welche Inhalte Sie veröffentlichen wollen, können Sie sich auf die Programmierung konzentrieren.

Wie sollte die Dateistruktur aussehen?

Dabei sollten Sie sich zuerst eine Dateistruktur ausdenken, die Ihnen die Arbeit erleichtert. Es ist meist sinnvoll, große Projekte in Untergruppen aufzuteilen. Ich werde dieses Verfahren an ein paar Beispielen erläutern.

Wenn Sie eine private Homepage erstellen wollen, ist es sehr nützlich, die Grafikdateien von den HTML-Dateien zu trennen, damit man nicht den Überblick verliert. Eine einfache Datenstruktur wäre also diese:

Wenn Sie die Datei »index.htm« im Verzeichnis »HOMEPAGE« erstellen, können Sie in dieser Form Grafiken einfügen:

```
<HTML>

<HEAD>

<TITLE>Eine kleine Homepage</TITLE>

</HEAD>

<BODY>

Diese Grafik liegt in einem eigenen Verzeichnis:<BR>

<IMG SRC="grafik/ein_bild.gif"><BR>

</BODY>

</HTML>
```

Da diese Datei im Verzeichnis »HOMEPAGE« liegt und das Verzeichnis »GRAFIK« ebenfalls, reicht es, wenn der Verzeichnisname mit »GRAFIK/...« beginnt, denn wenn Sie mit »HOMEPAGE/GRAFIK/...« beginnen würden, müsste der Browser ein Verzeichnis »HOMEPAGE« im gleichnamigen Verzeichnis suchen.

Auch wenn Sie unter Windows programmieren und als Trennzeichen von Verzeichnisnamen den Backslash »\« kennen, sollten Sie den normalen Schrägstrich »/« (Slash) bevorzugen, denn dieser wird in UNIX-Systemen verwendet. Da die meisten Server auf diesem

System beruhen, ist es empfehlenswert, auf dieses Detail zu achten. Ein aktueller Browser wird auch dann keine Schwierigkeiten machen, wenn er unter Windows läuft und auf einen Slash stößt, denn er interpretiert diesen auch als Backslash, wenn es nötig wird.

Ein weiteres Beispiel will ich für Leser erwähnen, die eine gewerbliche Homepage erstellen wollen. Diese Seiten werden im Normalfall sehr komplex und benötigen daher eine gut durchdachte Dateistruktur.

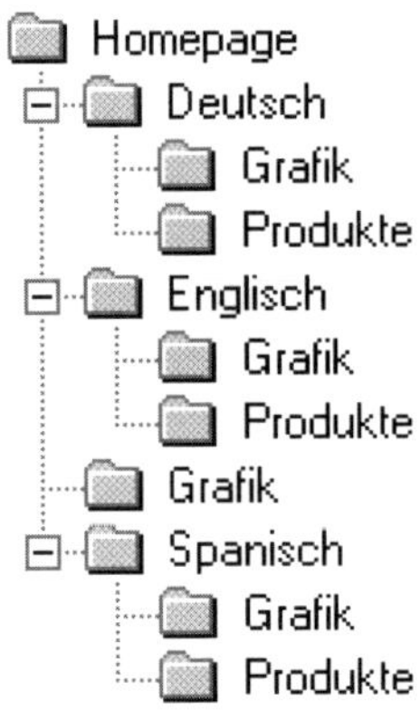

In diesem Fall handelt es sich um eine Homepage in drei Sprachen, die Grafikelemente enthält und eine Vielzahl von Produktbeschreibungen. Wie Sie sehen, wurde für jede Sprache ein eigenes Unterverzeichnis angelegt, das wiederum die Unterverzeichnisse »GRAFIK« und »PRODUKTE« enthält. Außerdem befindet sich ein Ordner namens »GRAFIK« im Stammverzeichnis der Homepage.

Sie fragen sich nun sicher, wie man mit dieser Art von Dateistruktur umgeht und warum ein Grafikverzeichnis außerhalb der Sprachordner sinnvoll ist, wenn diese selbst schon eines enthalten. Wenn Sie sich die Homepage eines Hardwareherstellers vorstellen, der seine Seiten in diesen drei Sprachen zur Verfügung stellt, wird er einige Grafiken verwenden, die in jeder Sprache gleich sind. Dazu gehören: das Firmenlogo, Fotos der Hardware, Fotos der Mitarbeiter, usw. Andererseits verwendet er grafische Menüs. Das heißt, er setzt Grafiken ein, die als Anker für Verknüpfungen dienen und oft Text enthalten. Diese Beschriftung ist natürlich in den einzelnen Sprachen unterschiedlich.

Die Startseite »index.htm« im Stammverzeichnis »HOMEPAGE« wird so oder ähnlich aussehen:

```
<HTML>

<HEAD>

<TITLE>MusterHardware GmbH</TITLE>

</HEAD>

<BODY>

<CENTER>
```

```
<IMG SRC="grafik/logo.gif" ALT="MusterHardware GmbH">
</CENTER>
<P>
Willkommen auf unserer Homepage. Bitte wählen Sie eine Sprache:<BR>
<A HREF="deutsch/index.htm">Deutsch</A><BR>
<A HREF="englisch/index.htm">Englisch</A><BR>
<A HREF="spanisch/index.htm">Spanisch</A><BR>
</BODY>
</HTML>
```

Auf dem Bildschirm erscheint das Firmenlogo, das wie gesagt im allgemeinen Grafikordner liegt. Danach wird abgefragt, in welcher Sprache dem Betrachter die Seiten angezeigt werden sollen. Wenn eine Sprache angeklickt wurde, zeigt der Browser die Begrüßungsseite der gewählten Sprache an. Es empfiehlt sich, die sprachlich verschiedenen Versionen der gleichen Seiten auch gleich zu benennen. Die Begrüßungsseite heißt hier in jeder Sprache »index.htm«. Das hat einen wesentlichen Vorteil, denn man kann die HTML-Struktur einer Seite für die anderen Sprachen übernehmen und muss nur den angezeigten Text übersetzen. Hier ein Beispiel:

Die Begrüßungsseite in deutsch sieht so aus:

```
<HTML>
<HEAD>
<TITLE>MusterHardware GmbH (deutsch)</TITLE>
</HEAD>
<BODY>
<CENTER>
<IMG SRC="../grafik/logo.gif" ALT="MusterHardware GmbH">
</CENTER>
<P>
Willkommen auf der deutschsprachigen Homepage der MusterHardware
GmbH.<P>
Wir bieten Ihnen ein umfangreiches Angebot an Hardware. Bitte ver-
schaffen Sie sich einen Überblick in unserer <A HREF="produkte/
liste.htm">Produktliste</A>.<BR>
Hier gelangen Sie wieder <A HREF="../index.htm">zurück</A> zur
Sprachauswahl.<BR>
```

```
Sie können uns gerne eine <A HREF="mailto:info@musterhard-
ware.de"><IMG SRC="grafik/mail.gif" ALT="Mail"></A>schreiben.
</BODY>
</HTML>
```

Man kann diese Datei nun in den Englischordner kopieren und übersetzt einfach den angezeigten Text. Das sieht dann so aus:

```
<HTML>
<HEAD>
<TITLE>MusterHardware GmbH (english)</TITLE>
</HEAD>
<BODY>
<CENTER>
<IMG SRC="../grafik/logo.gif" ALT="MusterHardware GmbH">
</CENTER>
<P>
Welcome to the english Homepage of MusterHardware GmbH.<P>
We offer any kind of hardware. Please visit our <A HREF="produkte/
liste.htm">product list</A> for more informations.<BR>
Please click <A HREF="../index.htm">here</A> to choose another lan-
guage.
Please feel free to send a <A HREF="mailto:info@musterhard-
ware.de"><IMG SRC="grafik/mail.gif" ALT="mail"></A>.
</BODY>
</HTML>
```

Es hat sich nur der Text geändert, der auf dem Bildschirm erscheint. Die Grundstruktur und die Adressen der Verknüpfungen sind identisch geblieben. Das hat den enormen Vorteil, dass man eine Seite nur einmal durchdenken muss und sie 1:1 in eine andere Sprache übertragen kann.

Sehen Sie sich einmal ein paar Details an. Am Anfang erscheint wieder das Firmenlogo. Es wird mit der HTML-Zeile

```
<IMG SRC="../grafik/logo.gif" ALT="MusterHardware GmbH">
```

eingefügt. Diese Zeile bleibt in allen Sprachen gleich, denn es ist egal, welcher der drei Sprachordner diese Zeile beinhaltet. Durch die zwei Punkte am Anfang der Bildadresse wird angegeben, dass der Ordner »GRAFIK« im übergeordneten Ordner (in diesem Fall

»HOMEPAGE«) zu finden ist. Sie kennen bestimmt den Befehl `CD ..` aus älteren Betriebssystemen. Es reicht also, wenn man das Firmenlogo im Ordner »HOMEPAGE/GRAFIK« abspeichert. Das spart Speicherplatz auf dem Server.

Danach wird mit

```
<A HREF="produkte/liste.htm">Produktliste</A>
```

auf die Produktliste der Firma aufmerksam gemacht. Diese befindet sich im jeweiligen Unterverzeichnis »PRODUKTE« der einzelnen Sprachordner. Da der Dateiname der Liste in jedem dieser Verzeichnisse gleich ist, genügt es, wenn man das Wort »Produktliste« übersetzt und den Rest unverändert lässt:

```
<A HREF="produkte/liste.htm">product list</A>
```

Am Ende der Seite wird dem Betrachter die Möglichkeit eingeräumt, eine E-Mail an die Firma »MusterHardware« zu schreiben:

```
<A HREF="mailto:info@musterhardware.de"><IMG SRC="grafik/mail.gif"
ALT="Mail"></A>
```

Dabei wird eine Grafik als Anker verwendet, die im jeweiligen Grafikordner der einzelnen Sprachordner liegt. Es handelt sich also um Grafiken, die Text enthalten und deshalb in jeder Sprache anders sind. Bei diesem Beispiel wird »Mail« in Deutsch groß und in Englisch klein geschrieben. Die Adresse »grafik/mail.gif« bleibt jedoch auf allen drei Seiten gleich, denn es wird immer im richtigen Grafikordner die Datei »mail.gif« gefunden. Bitte beachten Sie bei Bildern aber immer, dass ein Text als Alternative für reine Textbrowser angegeben werden kann (`ALT="Mail"`). Diese Angabe müssen Sie immer mit übersetzen, denn sonst wird sich ein Betrachter mit einem Textbrowser wundern. Die Zeile unterscheidet sich auf der englischen Seite also nur durch das kleine »m« des Wortes »mail«:

```
<A HREF="mailto:info@musterhardware.de"><IMG SRC="grafik/mail.gif"
ALT="mail"></A>
```

Wenn Sie sich selbst eine geeignete Dateistruktur ausdenken, haben Sie immer den Überblick über Ihre Dateien und können sich bei der »Wiederverwendung« von HTML-Texten viel Arbeit sparen.

Übersichtlich programmieren

Sie haben in diesem Buch einige HTML-Quelltexte gesehen und sicherlich dabei festgestellt, dass sie nicht allzu übersichtlich sind. Deshalb möchte ich Ihnen ein paar Tipps geben, wie man eine größere Seite optimal in HTML umsetzt und sich nachher wieder problemlos darin zurechtfindet.

Als erstes sollten Sie sich angewöhnen, Texte, die sich zwischen einer öffnenden und einer schließenden Marke befinden, einzurücken. Eine typische HTML-Datei könnte dann so aussehen:

```
<HTML>
   <HEAD>
```

```
    <TITLE>Eine Homepage</TITLE>
  </HEAD>
  <BODY>
    <CENTER>
      <IMG SRC="ein_bild.gif">
      <BR>
      Dieser Text wird zentriert, wobei
      <B>diese Passage fett gedruckt wird.</B>
      <BR>
    </CENTER>
    Eine
    <A HREF="seite2.htm">Verknüpfung</A>
    kann man ohne Bedenken in eine einzige Zeile schreiben.
  </BODY>
</HTML>
```

Wenn Sie Ihren Quelltext auf diese Weise gestalten, werden Sie sofort feststellen, ob Sie eine schließende Marke vergessen haben, und Sie können auf einen Blick erkennen, wie weit der Text beispielsweise zentriert wird. Sie sollten allerdings nur größere Abschnitte einrücken, denn kleine Passagen (z.B. Verknüpfungen oder den Titel der Seite) kann man problemlos in eine Zeile schreiben.

Ein weiteres Mittel, um eine Struktur in HTML-Texte zu bringen, haben Sie bereits im Kapitel »So verwenden Sie besondere Marken« kennengelernt. Es handelt sich um Kommentare. Man kann in ganz langen Texten mit ein wenig Fantasie sehr auffällige Absätze produzieren:

```
<HTML>
  <!- ************************** ->
  <!- * Hier beginnt der Kopf! * ->
  <!- ************************** ->
  <HEAD>
    ...
  </HEAD>
  <!- ***************************** ->
  <!- * Hier beginnt der Koerper! * ->
  <!- ***************************** ->
```

```
  <BODY>
    ...

</BODY>
</HTML>
```

Wenn Sie diese Methoden berücksichtigen, werden Sie sich selbst nach Jahren in Ihrem Quelltext zurechtfinden. Manchmal ist es sogar notwendig, diese Programmierweise anzuwenden, wenn Sie nicht die einzige Person sind, die an den Seiten Änderungen vornimmt. Sie sollten sich dann mit Ihren Partnern abstimmen, welche Programmierweise eingehalten werden soll, damit Sie sich nicht unnötig durch fremde HTML-Texte »wühlen« müssen, wenn diese bei einem Programmierer so und bei einem anderen wieder anders aussehen.

Das Erscheinungsbild

Wenn Sie sich ein wenig im Internet umsehen, werden Sie feststellen, dass sich ein gewisses Erscheinungsbild bei Homepages eingebürgert hat. Dabei gibt es verschiedene Aspekte, die Sie beachten sollten, um eine benutzerfreundliche Homepage zu entwerfen.

Wie sollten Texte aussehen?

Wenn Ihre Seiten gut aussehen sollen, ist es wichtig, dass die Texte gut formatiert und leicht lesbar sind. In der folgenden Liste sind einige Tipps aufgelistet:

Achten Sie darauf, dass der Text sich möglichst stark von der Hintergrundfarbe abhebt. Verwenden Sie, so oft es geht, schwarzen Text auf hellen Hintergründen und weißen Text auf dunklen.

Auch wenn Sie über eine Vielzahl von verschiedenen Schriftarten verfügen, sollten Sie sich auf eine oder zwei pro Seite beschränken, da diese sonst sehr unübersichtlich wird.

Überschriften strukturieren lange Texte. Wenn es sich um größere Abschnitte handelt, können Sie den Effekt mit Trennlinien verstärken.

Was ist bei Verknüpfungen zu beachten?

Die wichtigsten Elemente einer Homepage sind die Verknüpfungen zu anderen Seiten. Deshalb wird oft ein eigener Bereich abgetrennt, der noch einmal alle wichtigen Links zu anderen Seiten zusammenfasst. Dabei gibt es mehrere übliche Methoden:

Man kann die Verknüpfungen auf der linken Seite untereinander darstellen. Dazu verwendet man entweder Rahmen oder eine Tabelle, die in der linken Spalte nur Verknüpfungen enthält und in der rechten Spalte die eigentliche Seite. So stellt man dem Betrachter ein Inhaltsverzeichnis zur Verfügung, durch das er blättern kann.

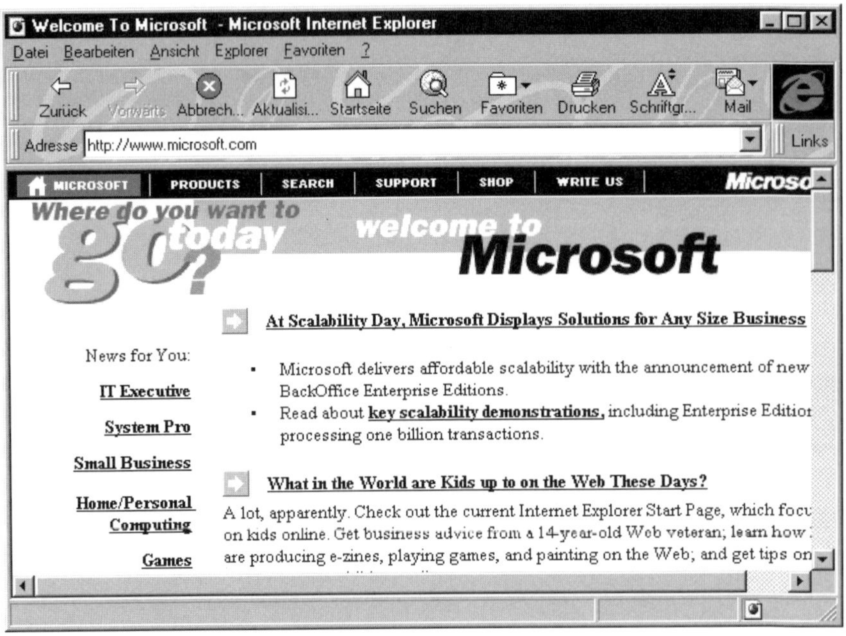

Da manche Browser keine Rahmen oder Tabellen anzeigen, können Sie zusätzlich die Verknüpfungen an das Ende der Seite in einen fortlaufenden Text bringen. Das sieht dann so aus:

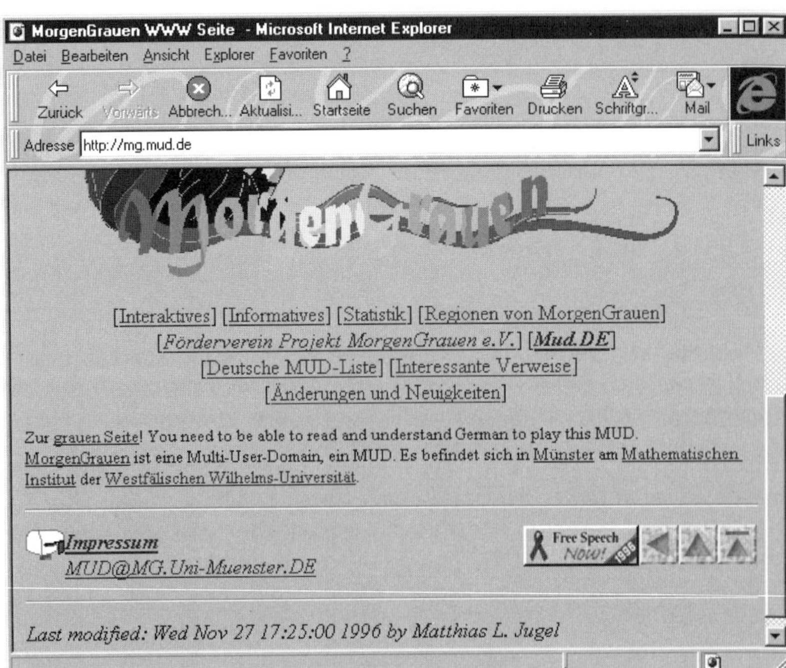

Man kann an der »MorgenGrauen«-Homepage noch einen Punkt erkennen, den man berücksichtigen sollte. Es macht einen guten Eindruck, wenn Sie Navigationsschaltflächen am unteren Rand Ihrer Homepage einfügen. Der Betrachter kann dann bequem zur nächsten Seite weiterschalten und findet auch immer wieder zurück. Diese Schaltflächen befinden sich üblicherweise am Fuß einer Homepage.

Was sollte man bei Grafiken beachten?

Wenn Sie Grafiken in Ihren Seiten verwenden, sollten Sie mehrere Aspekte beachten, damit diese gut wirken.

Grafiken dürfen nie zu groß werden. Das erhöht die Ladezeit der Seite. Verringern Sie gegebenenfalls die Auflösung, die Farbvielfalt oder die Abmessungen der Grafik. Manchmal hilft es, ein anderes Format zu verwenden. Speichern Sie Ihre Grafik in verschiedenen Formaten, und vergleichen Sie die Größe der Dateien.

Die verwendeten Grafiken sind dem Stil der Seite anzupassen. Ein Bild in grellen Farben macht eine sonst sehr konservative Seite schnell kaputt.

Wenn Sie Grafiken einfügen, sollten Sie darauf achten, dass sie sich harmonisch in den Hintergrund einpassen. Manchmal ist es deshalb sehr sinnvoll, den Hintergrund der Grafik transparent zu schalten.

Hintergrundbilder sollten nicht zu viele Farben beinhalten. Wenn Sie einen dunklen Hintergrund wählen, halten Sie auch die anderen Farben dunkel. Ein heller Hintergrund wirkt am besten, wenn keine dunklen Farben vorkommen. Wenn Sie das nicht beachten, wird die Seite schnell unleserlich, denn der Text wirkt auf anderem Hintergrund unterbrochen, und das erschwert das Lesen.

Wo findet man wichtige Seiten?

In diesem Kapitel werde ich Ihnen einige Adressen an die Hand geben, unter denen Sie weitere Informationen zum Thema HTML und zu diesem Buch finden.

Etwas über Browser

Ein Browser ist schnell veraltet. Deshalb sollten Sie sich immer auf dem Laufenden halten und Updates installieren, damit Sie für neue Seiten so gut wie möglich gerüstet sind.

Microsoft Internet Explorer

http://www.microsoft.com/germany/internet/ie/

Netscape Navigator

http://www.netscape.com/

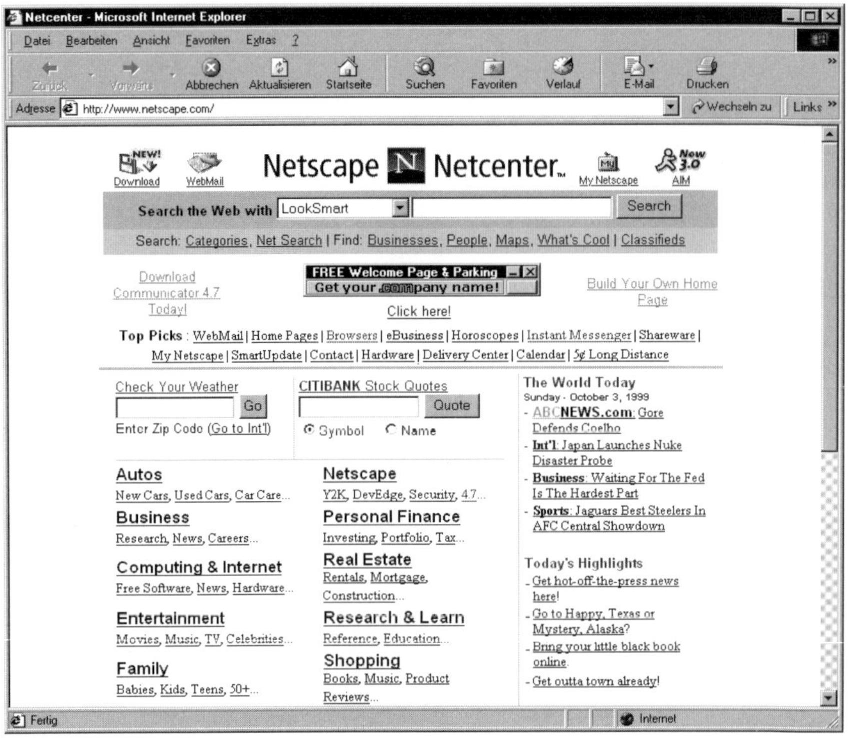

Informationen zu Online-Dienstanbietern

Es gibt einige große Dienstanbieter, die auch den Zugang zum Internet ermöglichen. Manchmal ist es allerdings günstiger, einen lokalen Internetprovider zu nutzen. Die Adressen solcher Provider erhalten Sie, wenn Sie sich zum Beispiel die Internetseite Ihrer Heimatstadt ansehen.

AOL

http://www.aol.com/

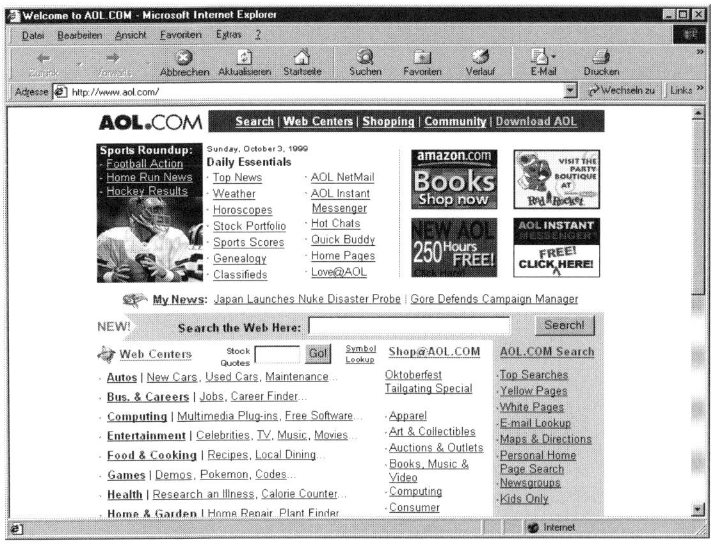

CompuServe

http://www.compuserve.de/

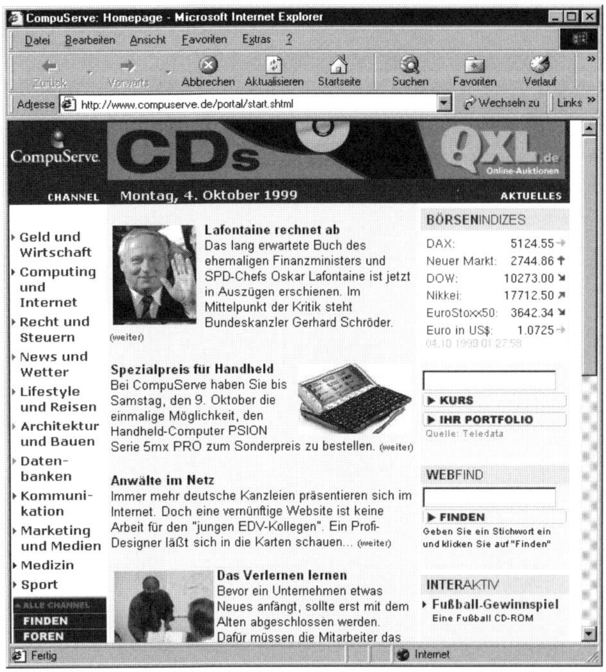

MSN

http://www.msn.de/

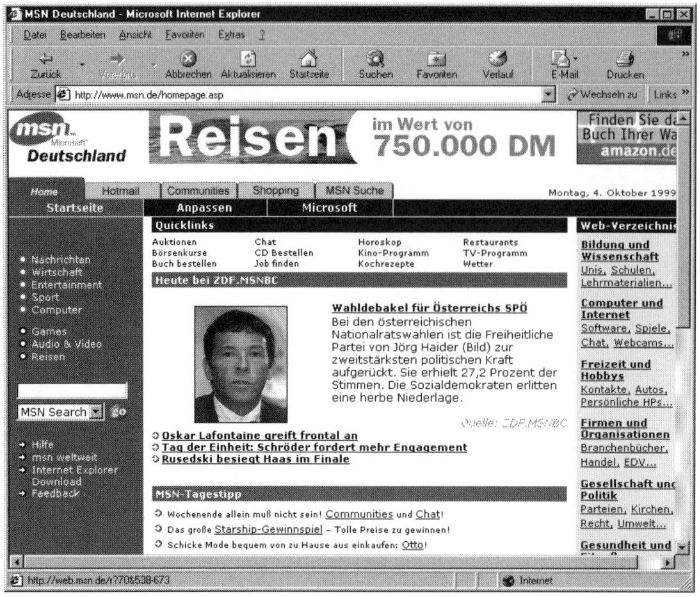

T-Online

http://www.t-online.de/

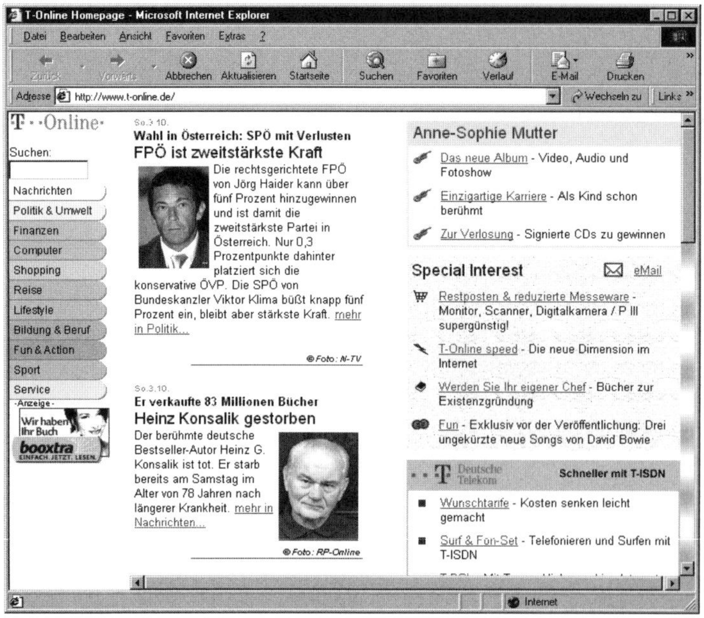

Weitere Internetdienste

Es werden immer mehr Dienste im Internet angeboten. Die wichtigsten sind Suchmaschinen. Allerdings gibt es noch viele andere Dienste, welche die Programmierung von Homepages unterstützen.

Suchmaschinen

Wer ein Thema, eine Firma oder eine Person im Internet sucht, kommt nicht um Suchmaschinen herum. Die Adressen der größten finden Sie hier:

Lycos

http://www.lycos.de/

http://www.lycos.com/

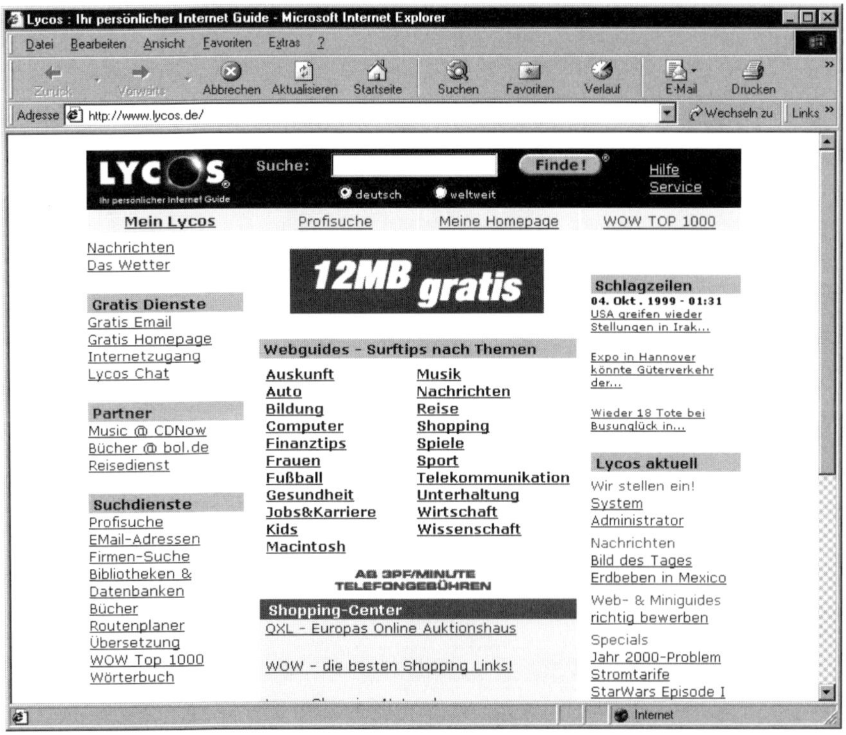

Yahoo

http://www.yahoo.com/

Nathan

http://www.nathan.de

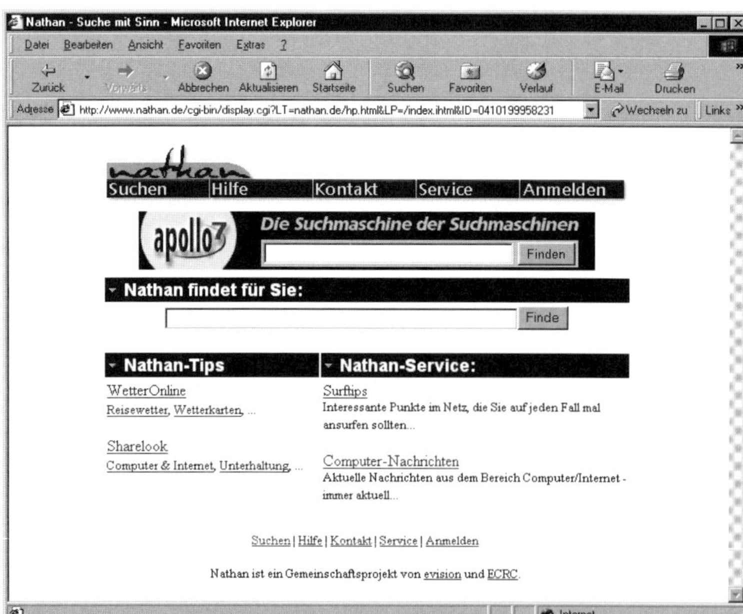

Wenn Sie ein wenig Unterstützung bei der Erstellung von Zählern oder Gästebüchern benötigen, helfen Ihnen einige Internetdienste.

Netforward

http://www.netforward.com/

JavaScript

http://tecfasun1.unige.ch/guides/java/tecfaman/java-7.html

JavaScripts die 2.

http://home.t-online.de/home/dietmar.rabich/js.htm

Messe

Auf Messen findet man stets die Neuigkeiten in Sachen Internet:

Internet World

http://www.internetworld-messe.de/

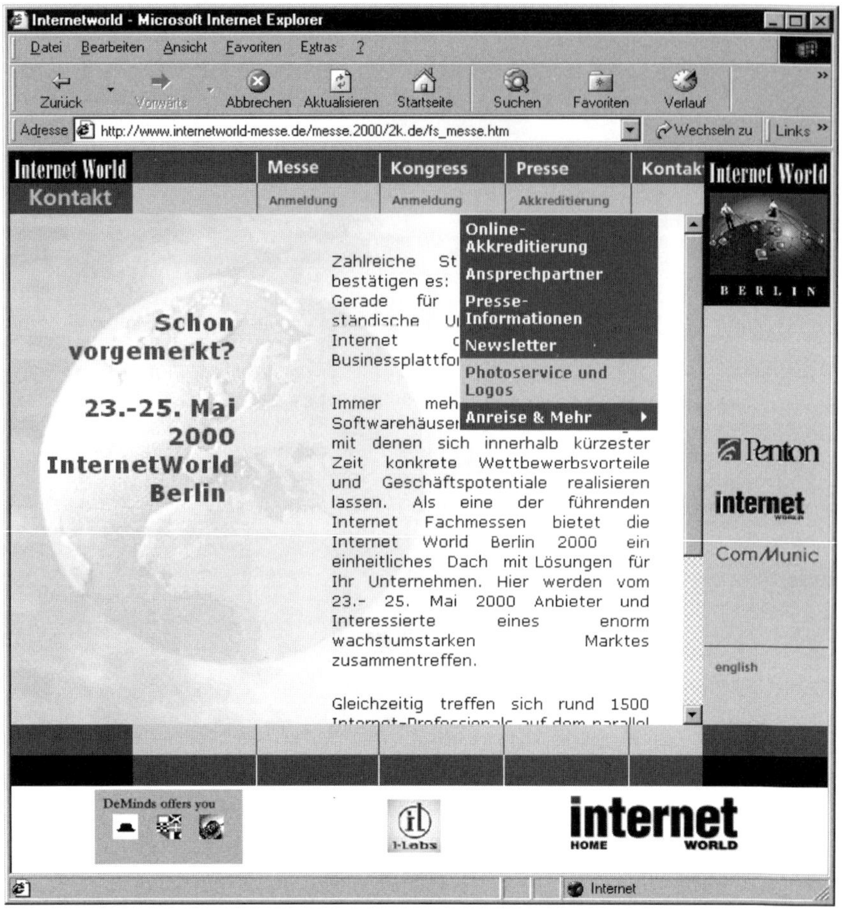

CeBIT

http://www.cebit.de/

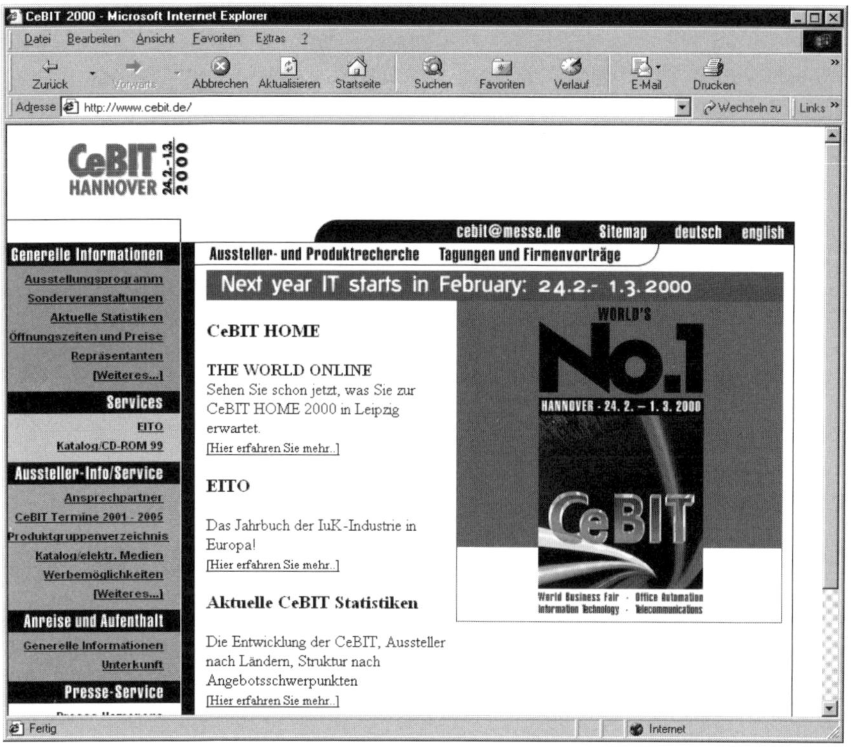

Presse

Einige Fachzeitschriften befassen sich ebenfalls mit dem Netz der Netze:

Internet World

http://www.internetworld.de/

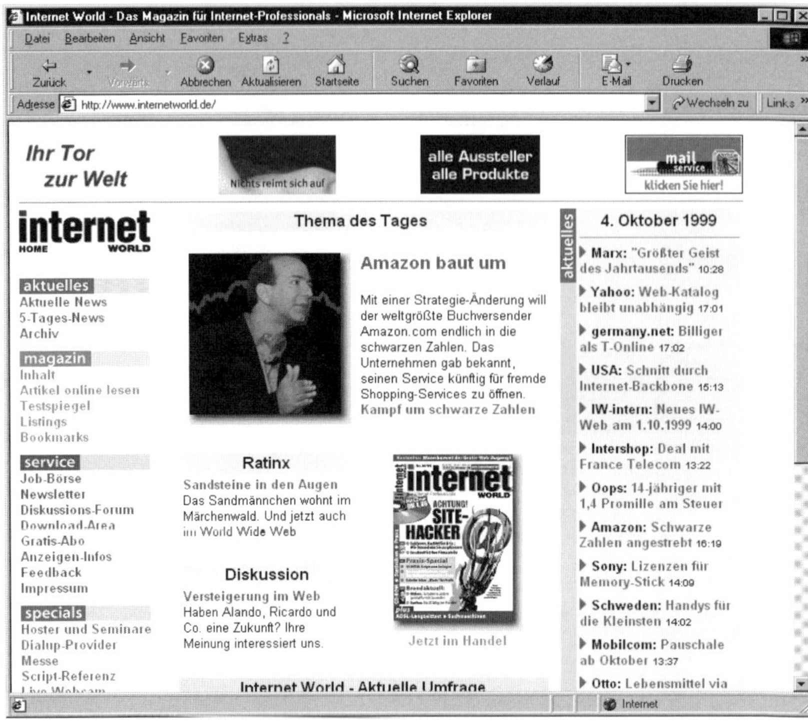

Online-Today

http://www.online-today.de/

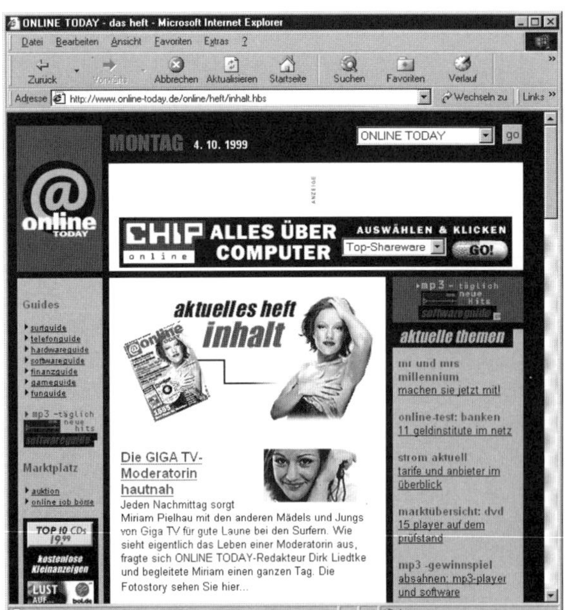

TV

Hier ein paar interessante Fernsehsendungen zum Thema Internet:

Skyrock

http://www.skyrock.de

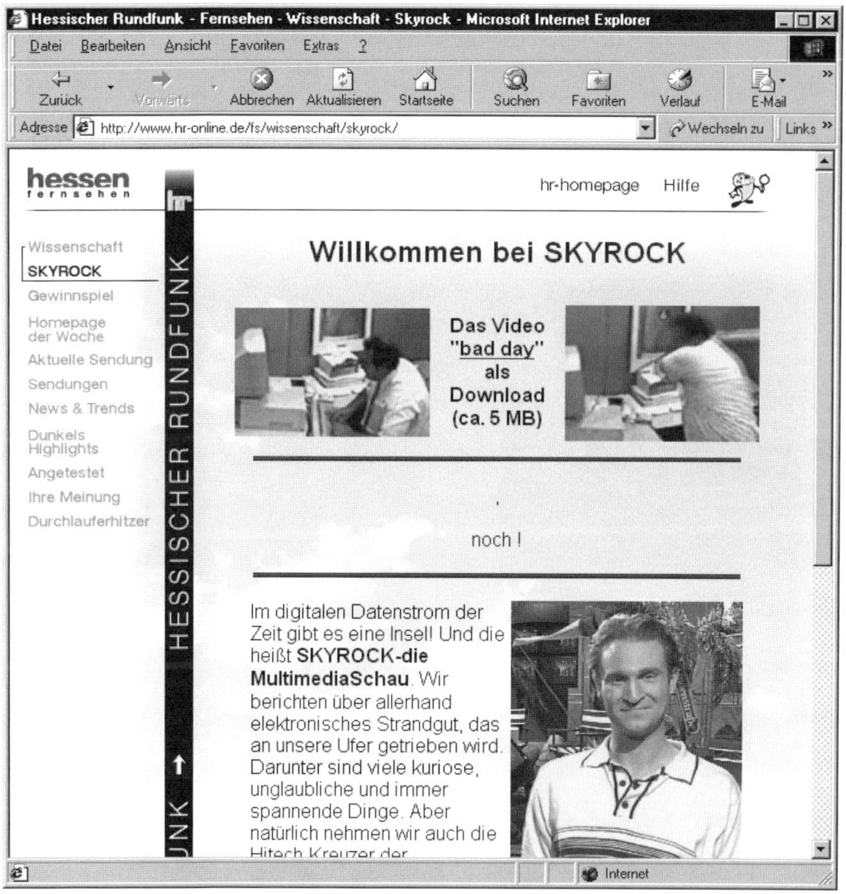

WDR ComputerClub

http://www.wdr.de/tv/computerclub/

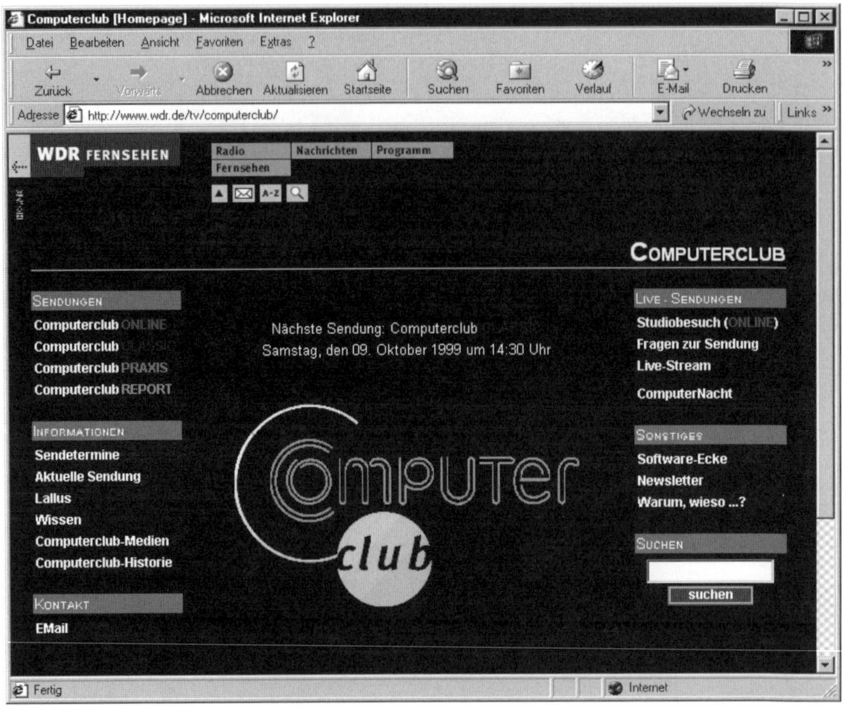

Der WDR-ComputerClub ist bekannt für seine Specials. Hier werden teilweise ganze Wochenenden einem Thema gewidmet. Manchmal gibt es auch die sogenannten Nachtschichten, in denen eine ganze Nacht hindurch über ein Thema gesprochen wird oder ein Computerexperiment durchgeführt wird.

Tipp

Wie der Name schon sagt, ist der WDR-ComputerClub eine Sendung des Westdeutschen Rundfunks. Wenn Sie diesen Sender nicht empfangen können, schauen Sie doch einfach mal in Ihrer Fernsehzeitschrift nach. Fast alle Regionalsender haben ihr eigenes Computermagazin.

Dieses Buch

Wenn Sie weitere Bücher zum Thema Internet suchen, sollten Sie die Markt&Technik-Homepage besuchen. Wollen Sie mich ein wenig besser kennen lernen, geben Sie einfach meine Adresse ein. Ich freue mich auf Ihren Internetbesuch.

Markt&Technik Verlag

http://www.mut.de/

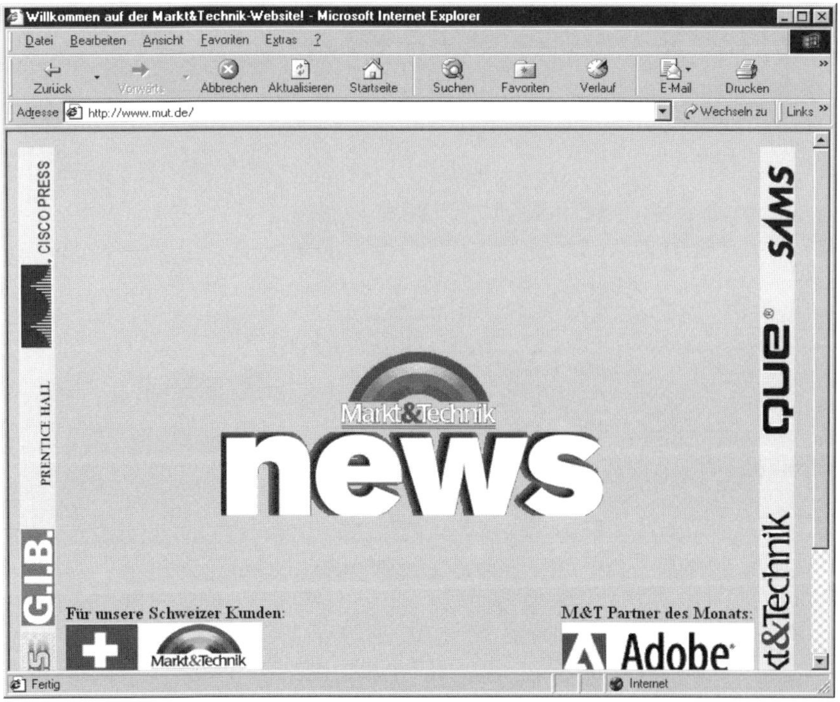

Die Online-Seiten zum Buch

http://www.dellwig.de/buecher/

Hier finden Sie alle Neuigkeiten zu diesem Buch. Unter anderem: das Leserverzeichnis, Zeitungsausschnitte, usw.

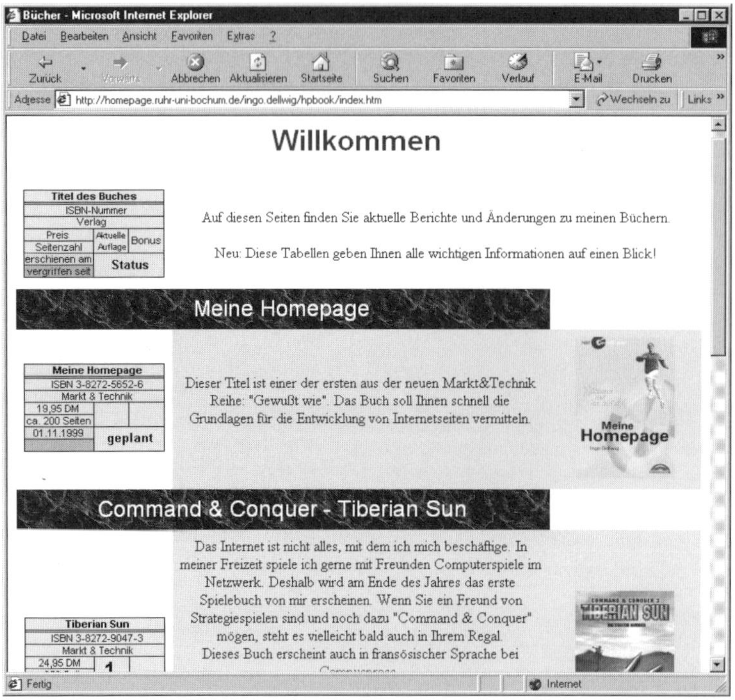

Meine Homepage

http://www.dellwig.de/ingo/

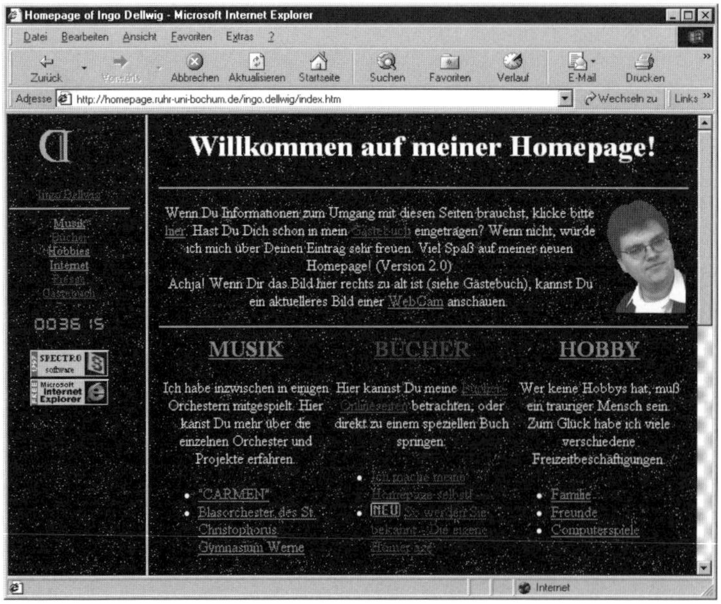

SPECTROsoftware

http://www.spectrosoftware.de/

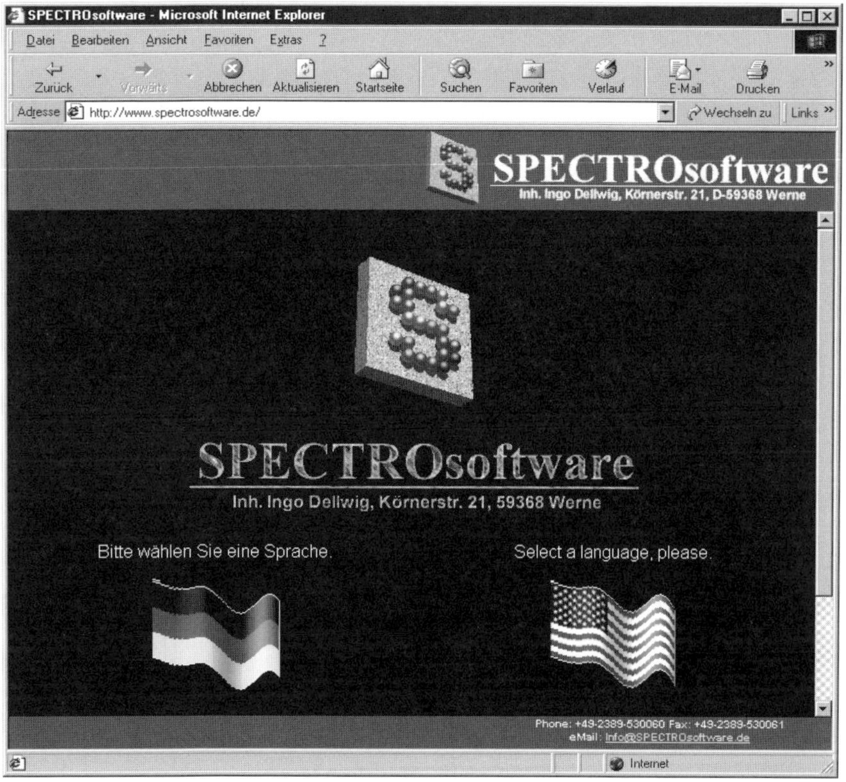

Die Firma SPECTROsoftware wurde von mir im Mai 1997 gegründet und bietet unter anderem die Gestaltung von Internetseiten an. Wenn Sie ab und zu hier vorbeischauen, werden Sie sehen, dass diese Seiten immer in Bewegung sind. Das heißt: In mehr oder weniger regelmäßigen Abständen werden Inhalte aktualisiert. Dieses wird erforderlich, wenn besondere Anlässe dazu Gelegenheit bieten (Neue Mitarbeiter, spezielle Ereignisse in der Computerbranche, ...) oder regelmäßige Daten anfallen (Neuer Newsletter, spezielle Saisonangebote, ...). Wie Sie sehen ist dieser Aspekt wichtig, wenn man seine Kunden immer gut informieren möchte.

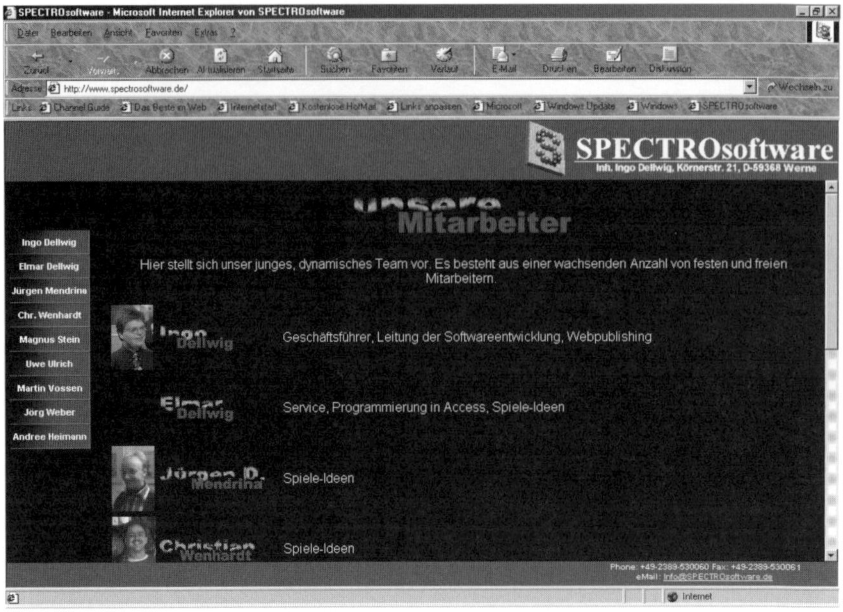

Leider reichen diese Routine-Aktualisierungen für eine moderne Internetsite nicht aus, denn HTML und die anderen Internetsprachen werden immer weiterentwickelt und bieten deshalb auch regelmäßig interessante Neuerungen. Die zuvor abgebildete Seite beinhaltet einige Java-Applets, Java-Script und Dynamic HTML. In Kürze werden aber noch einige Flash-Sequenzen eingebaut werden. So wird das Erscheinungsbild der Site etwa einmal jährlich komplett neu an die neuen Möglichkeiten angeglichen.

Wie steigt man in Flash 4 ein?

Flash 4 ist ein Programm von Macromedia, das in Ihre Homepage eine Menge Bewegung bringen kann. Da es sehr umfangreich ist, muss ich mich auf die groben Grundzüge beschränken. Ich werde zum Beispiel nur eine Art vorstellen, wie man zeichnen kann, und den Rest Ihrer Motivation überlassen, denn wenn Sie viel ausprobieren, kommen Sie schnell zu dem restlichen erforderlichen Wissen.

Die Installation von Flash 4

Gute Programme kosten natürlich Geld (dieses hier sogar etwas mehr, denn man muss mit etwa 300 US-Dollar rechnen, wenn man dieses Programm kaufen möchte). Allerdings würde ich so ein teures Programm nicht in einem Anfängerbuch besprechen, wenn es nicht eine kostengünstigere Möglichkeit gäbe, die Vorteile von Flash zu nutzen. Das Zauberwort heißt hier Trial-Version. Sie können sich nämlich eine Testversion aus dem Internet herunterladen (etwa 10 Mbyte), die es Ihnen erlaubt, ganze 30 Tage lang die Vorzüge von Flash zu testen. Dazu gehen Sie wie folgt vor:

1. Surfen Sie zu der Adresse `http://www.macromedia.com/software/flash/trial/`

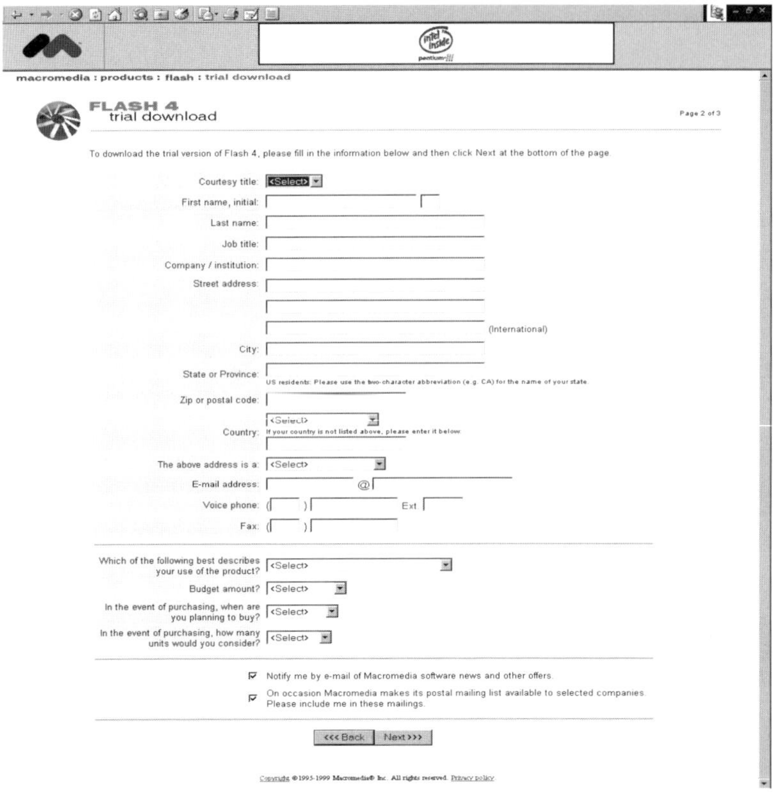

2. Wie Sie sehen, ist diese Seite leider in Englisch und auch das Programm selbst wird nur als englische Testversion angeboten. Lassen Sie sich davon aber nicht abschrecken, denn ich werde Ihnen alle wichtigen Begriffe erklären.

3. Klicken Sie nun auf den Knopf mit der Bezeichnung »Next >>>« am unteren Seitenrand.

4 Sie finden dieses Registrierungsformular vor. Dieses sollten Sie ausfüllen, denn verständlicherweise möchte Macromedia gerne wissen, wer schon alles das Flash 4 Programm getestet hat. Hier ein Beispiel, wie das gefüllte Formular aussehen könnte. An den Angaben können Sie leicht erkennen, was die einzelnen Felder für Bedeutungen haben:

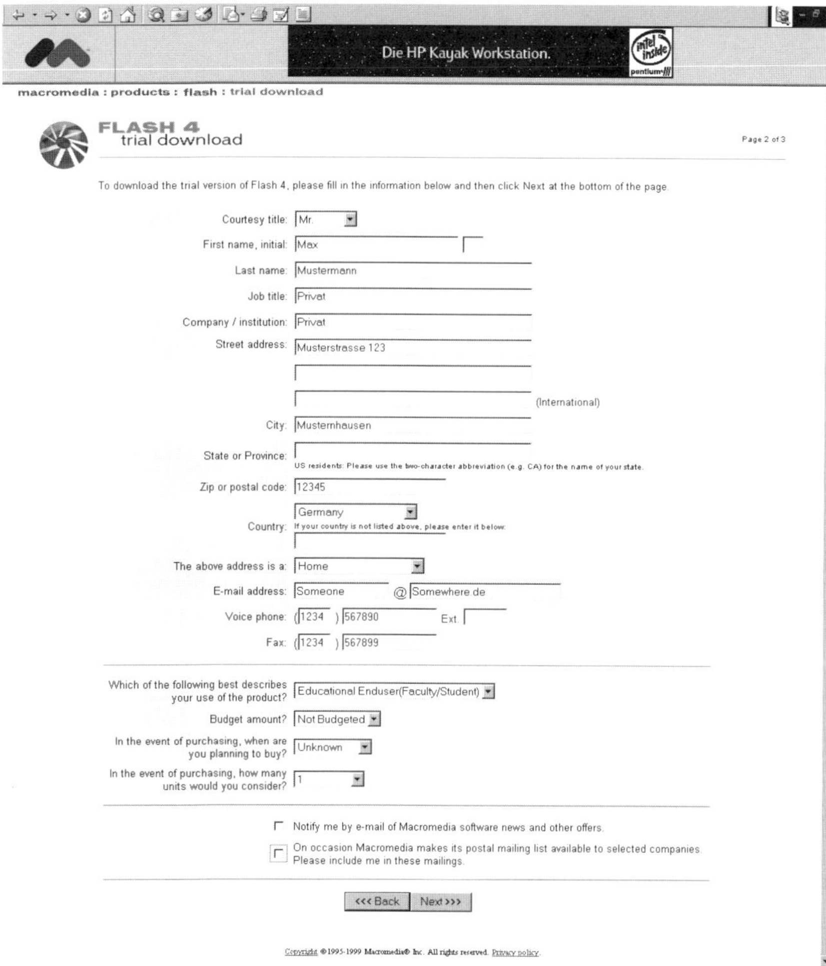

5 Wenn Sie nun wieder auf »Next >>>« klicken, gelangen Sie zur Auswahl der Versionen:

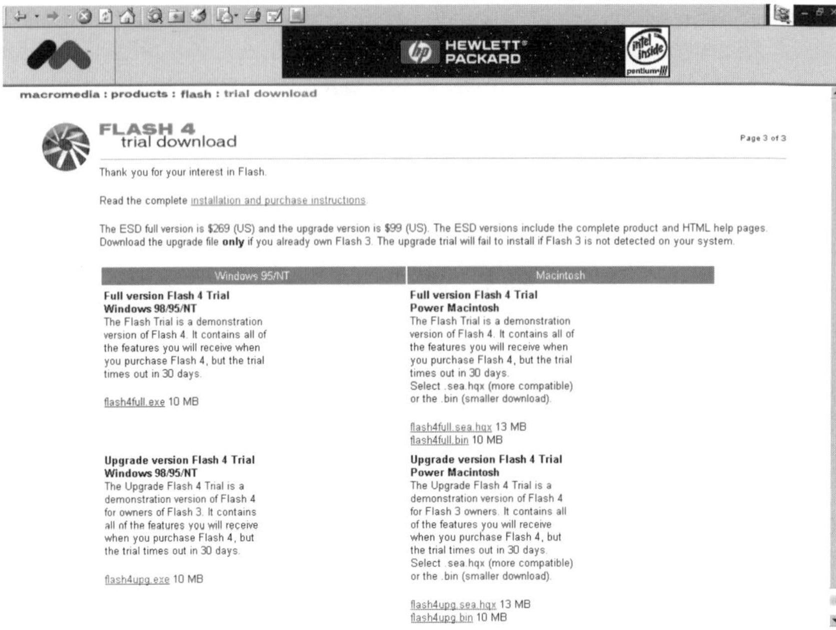

6. Im Normalfall werden Sie die Version oben links (Volle Installation für PCs) benötigen. Macintosh-User wählen bitte die Variante oben rechts.

7. Nun wird Ihre Testversion heruntergeladen. Speichern Sie diese auf Ihrer Festplatte.

8. Nun folgt die Installation. Sie geht wie bei jedem gängigen Programm vonstatten und sollte Ihnen keine Probleme bereiten.

9. Jetzt können Sie »Flash 4« zum ersten Mal starten. Wählen Sie dazu bitte den Startbutton.

10. Klicken Sie nun auf »Programme«.

11. Wählen Sie den Ordner »Macromedia Flash 4«.

12. Starten Sie das Programm, indem Sie auf »Flash 4« klicken.

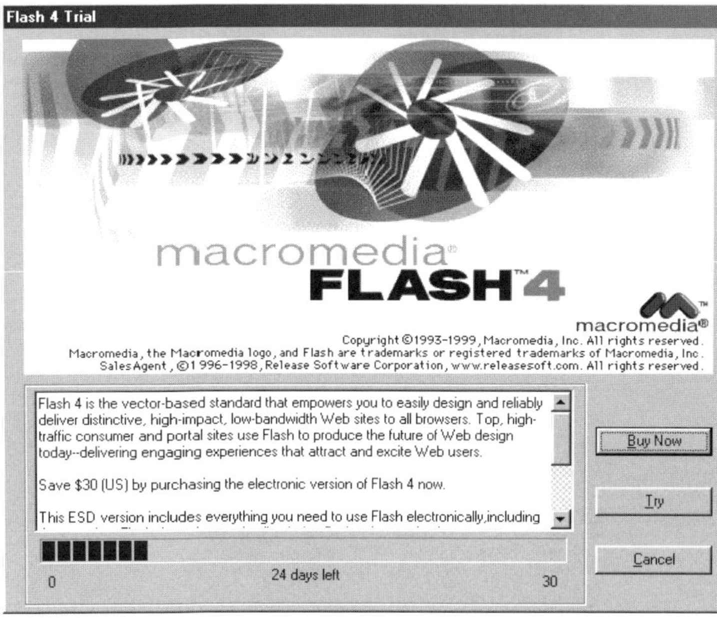

13 Sie werden nun darauf aufmerksam gemacht, wieviele Tage Ihnen noch für den Test von Flash 4 bleiben. Am unteren Bildschirmrand finden Sie die Zeile »X days left«. X steht dabei für die verbleibenden Tage.

14 Klicken Sie nun auf »Try«, um auf den Editor-Bildschirm zu gelangen.

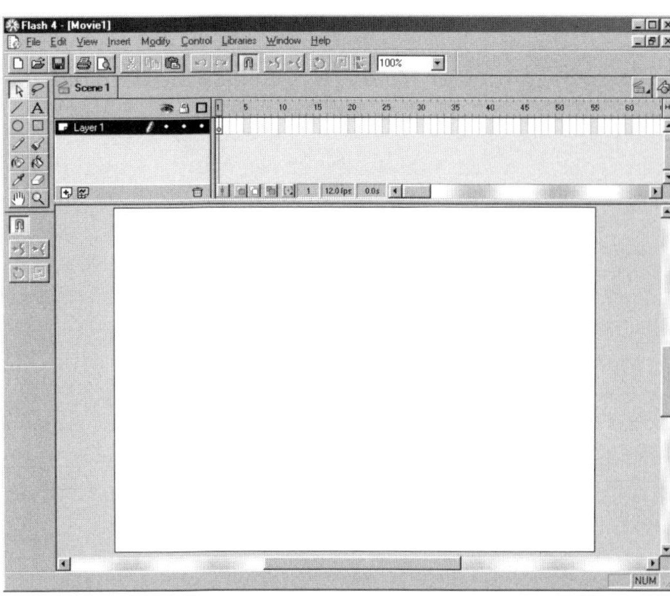

Nun sind Sie bereit für die ersten Schritte mit Flash.

Die Hilfsmittel von Flash 4

Zuerst sollten wir uns Gedanken zu den einzelnen Knöpfen und Bezeichnungen machen. Schon beim ersten Start entdecken Sie eine Menge unbekannter Dinge.

Die Symbolleiste

Zuerst stößt man auf eine noch halbwegs vertraute Leiste. Ziemlich weit oben ist nämlich wie bei fast allen Windows-Programmen die Symbolleiste angeordnet.

Von links nach rechts finden Sie folgende Funktionen vor:

1. Neue Datei
2. Datei öffnen
3. Datei speichern
4. Drucken
5. Seitenvorschau
6. Ausschneiden
7. Kopieren
8. Einfügen
9. Rückgängig machen
10. Rückgängig machen wiederherstellen
11. Feststellen
12. Kurven
13. Ecken
14. Drehen
15. Vergrößern/Verkleinern
16. Ausrichten
17. Vergrößerung der Ansicht

Klicken Sie einfach auf eines der Symbole, um die damit verknüpfte Funktion auszuführen.

Die Hilfsmittelpalette

Auf der linken Bildschirmseite finden Sie die Hilfsmittelpalette.

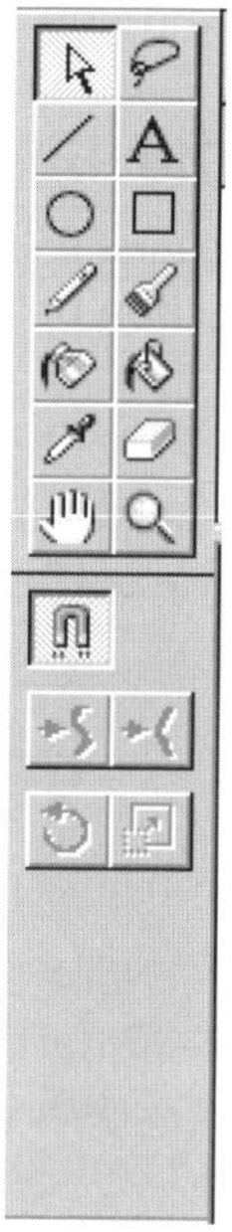

Ich beschreibe Ihnen nun die einzelnen Knöpfe von links nach rechts und von oben nach unten.

1. Mauszeiger
2. Lasso (freihändiges Markieren)
3. Linie zeichnen
4. Text
5. Kreis zeichnen
6. Rechteck zeichnen
7. Freihand zeichnen (mit Bleistift)
8. Freihand zeichnen (mit Pinsel)
9. Tintenfass
10. Farbtopf
11. Pipette (Farben aufnehmen)
12. Radiergummi
13. Hand (Bildausschnitt bewegen)
14. Lupe

Die Symbole darunter sind davon abhängig, welches Hilfsmittel Sie angeklickt haben. Auch hier genügt ein Klick und der Cursor nimmt die Form des Hilfsmittels an.

Die Szenenauswahl

Direkt unter der Symbolleiste finden Sie diesen Bereich:

In der linken Ecke können Sie zwischen verschiedenen Szenen hin- und herschalten. In der rechten Ecke finden Sie zwei Knöpfe. Der linke öffnet eine Liste aller Szenen und der rechte eine Liste aller Symbole (mehr dazu später).

Die Ebenen-Leiste

Die englische Bezeichnung Layer lässt sich am besten mit »Ebene« übersetzen. In diesem Arbeitsbereich können Sie verschiedene Ebenen verwalten und die Zeitschiene bearbeiten.

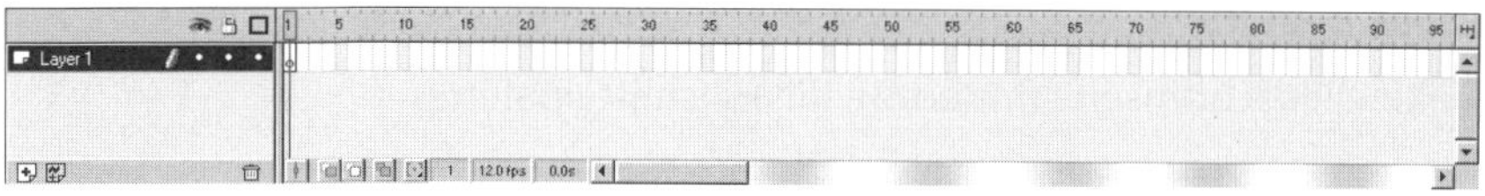

Das Editorfenster

Die meiste Zeit werden Sie im Editorfenster beschäftigt sein, denn hier spielt sich das eigentlich sichtbare Geschehen ab.

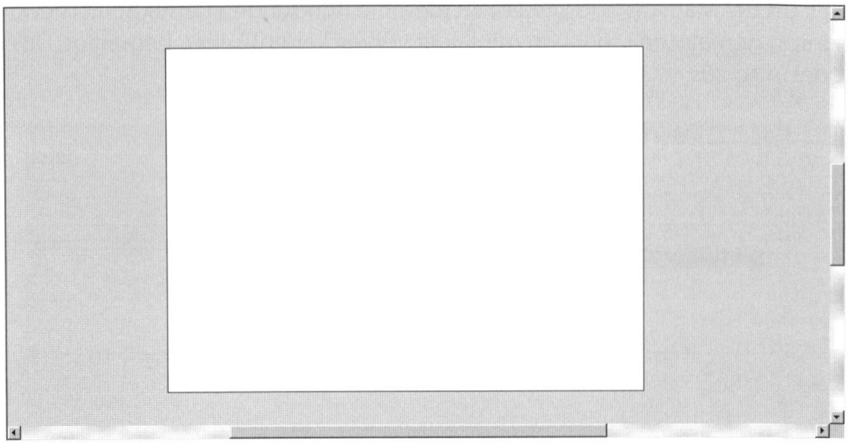

Noch ist dieser Bereich leer, aber das werden wir ganz schnell ändern.

Zeichnen mit Flash 4

Klicken Sie bitte in der Hilfsmittelpalette auf den Bleistift und zeichnen Sie eine Linie, die runde, aber auch gerade Passagen hat. Das kann etwa so aussehen:

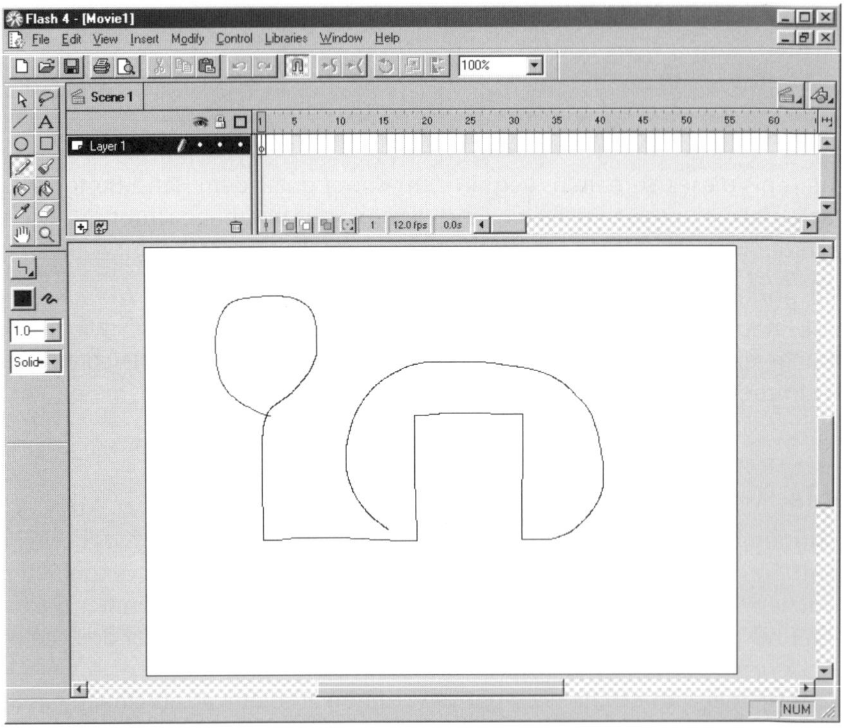

Wenn Sie nun die Maustaste loslassen, werden die Rundungen perfektioniert und die als gerade Linien gemeinten (aber von mir leicht verwackelten) Linien begradigt. Das Ergebnis sieht dann so aus:

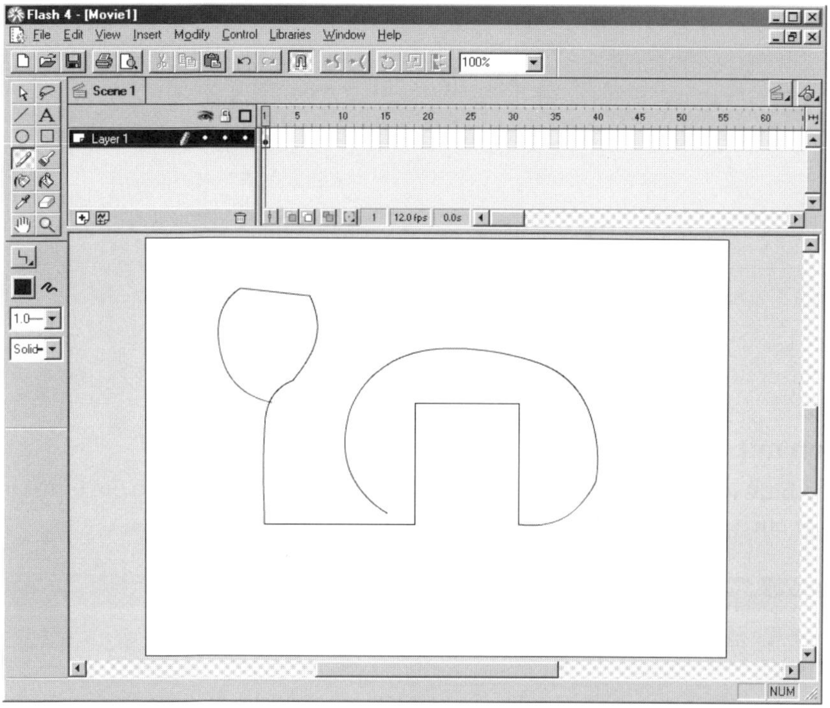

Das Geheimnis dieses Verhaltens liegt in dem Knopf unter dem Hand-Button. Probieren Sie einfach mal die unterschiedlichen Einstellungen aus und beobachten Sie, wie sich die Linie nach der Fertigstellung verändert.

Auch die anderen Hilfsmittel können Ihnen gute Dienste leisten. Wie ich schon am Anfang des Kapitels erwähnte, kann ich hier nicht jedes Hilfsmittel im Detail beschreiben. Probieren Sie einmal Texte einzufügen oder Kreise und Rechtecke zu zeichnen. Beachten Sie dabei immer die Auswahl von neuen Eigenschaften der Hilfsmittel, die zur Verfügung stehen.

Symbole

Angenommen, Sie möchten einen roten Ball darstellen. Das dürfte für Sie ja kein Problem sein, denn Sie zeichnen einfach mit dem Kreis-Hilfsmittel einen rot ausgefüllten Kreis. Nun brauchen Sie aber nicht nur einen Ball, sondern viel mehr. Nun könnten Sie natürlich hergehen und ganz viele Kreise zeichnen. Was ist aber, wenn Sie später doch keine roten Bälle, sondern blaue möchten? Wollen Sie wirklich alle Bälle umfärben? Außerdem werden die Kreise meist unterschiedlich groß. Bei diesen Problemen kann Ihnen das Symbol-Prinzip helfen.

1. Zeichnen Sie einen rot ausgefüllten Kreis.
2. Markieren Sie diesen.
3. Klicken Sie auf »Insert« (Einfügen) in der Menüleiste.
4. Klicken Sie dann auf »Convert to Symbol« (In ein Symbol umwandeln).

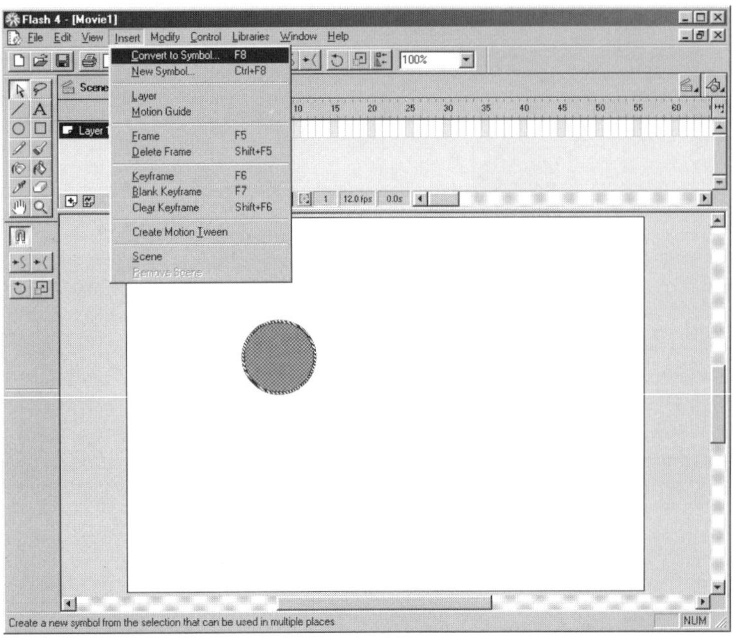

5. Tragen Sie im Feld »Name« das Wort »Ball« ein.
6. Bestätigen Sie mit »OK«.

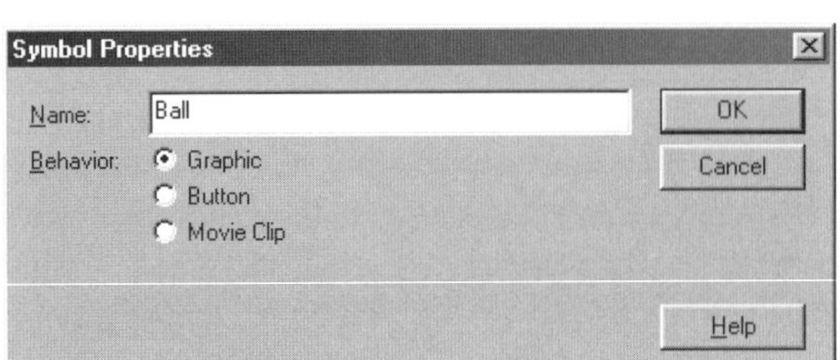

7 Sie sehen nun, dass nicht mehr der ganze Kreis schraffiert ist, sondern dass er einen schraffierten Rahmen bekommen hat. Das ist ein Hinweis, dass es sich hier nun um ein Symbol handelt.

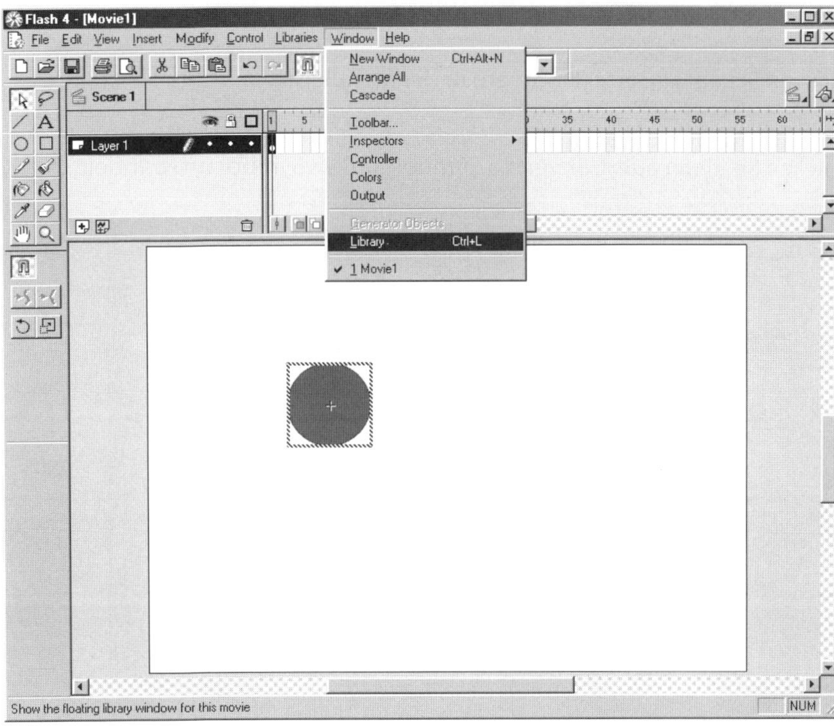

8 Klicken Sie auf »Window« (Fenster) in der Menüleiste.

9 Klicken Sie dann auf »Library« (Bibliothek).

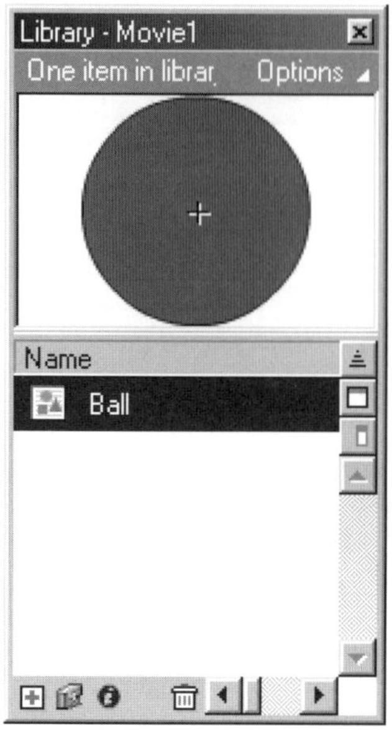

Dieses Fenster zeigt alle definierten Symbole an. Wir haben bisher ja nur den Ball definiert.

Tipp

Ziehen Sie doch einfach mal den Ball aus dem »Library«-Fenster in Ihr Editorfenster. Sie werden sehen, dass sich so ganz viele Bälle erzeugen lassen.

Nun möchte ich Ihnen zeigen, wie man die Eigenschaften eines Symbols verändert.

1. Markieren Sie ein Symbol (also einen der roten Bälle).

2. Klicken Sie mit der rechten Maustaste darauf und wählen Sie »Properties...« (Eigenschaften)

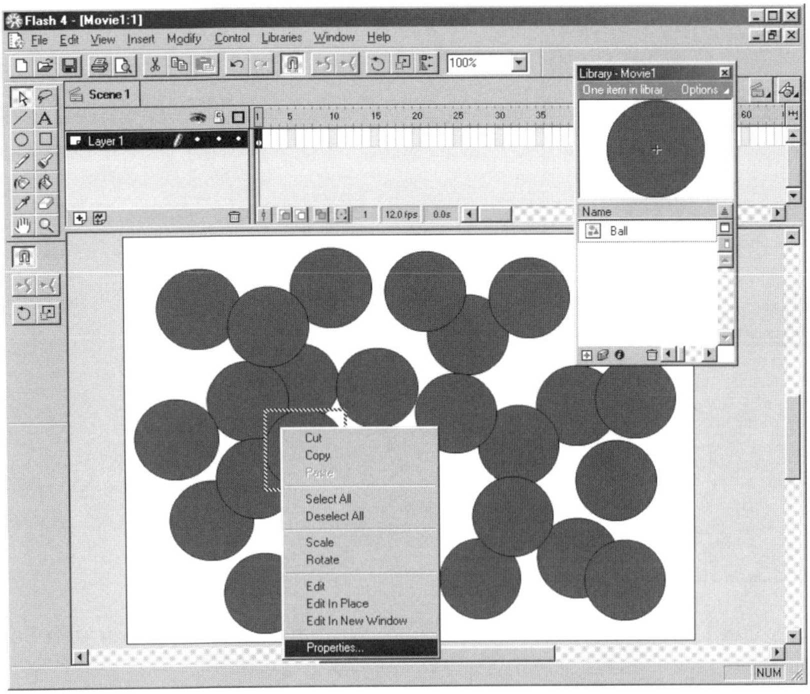

3 Wählen Sie bei »Color Effect« (Farbeffekt) die Option »Alpha« aus. Diese steht für den Alpha-Kanal, der die Durchsichtigkeit Ihres Symbols angibt. Alpha=100% heißt, dass das Symbol undurchsichtig ist. 0% stehen dabei für komplette Transparenz.

4 Verringern Sie den Alpha-Wert auf 34%.

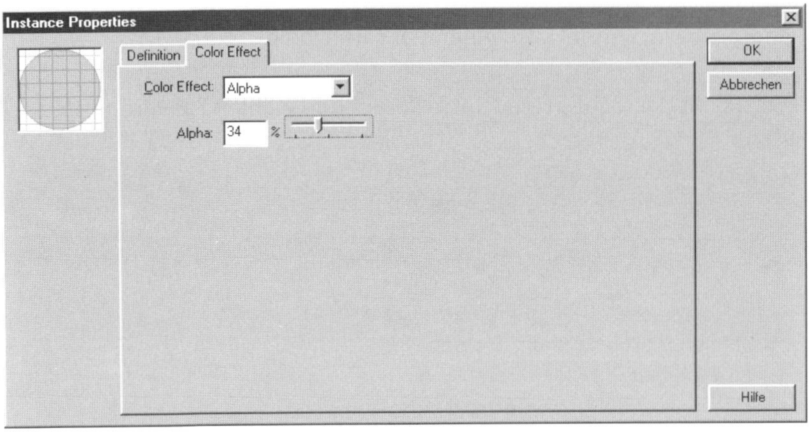

5 Bestätigen Sie mit OK.

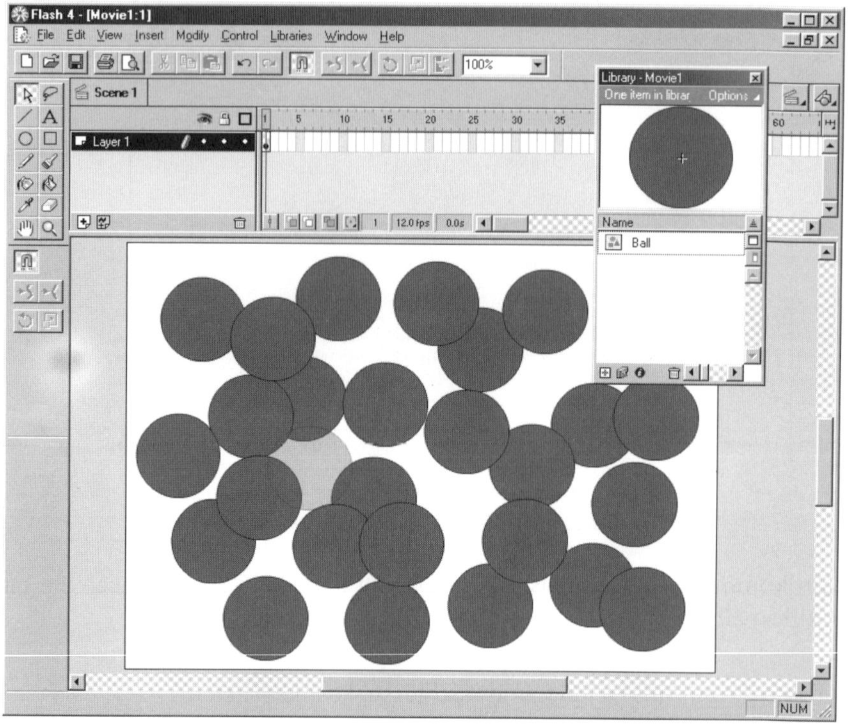

Wie Sie sehen, ist der ausgewählte Kreis nun ziemlich durchsichtig geworden.

Bitte probieren Sie die anderen Eigenschaften von Symbolen aus, um zu sehen, wie sie sich auf das Erscheinungsbild auswirken.

Animationen

Der wichtigste Aspekt von Flash 4 ist die Möglichkeit, Animationen zu erzeugen. Wir wollen einmal einen Ball über den Bildschirm bewegen.

1 Klicken Sie auf »File« (Datei) im Menübalken.

2 Klicken Sie dann auf »New« (Neu). Wie Sie sehen, ist das Library-Fenster mit dem Ball immer noch offen. Ziehen Sie diesen nun in die obere linke Ecke des Editorfensters.

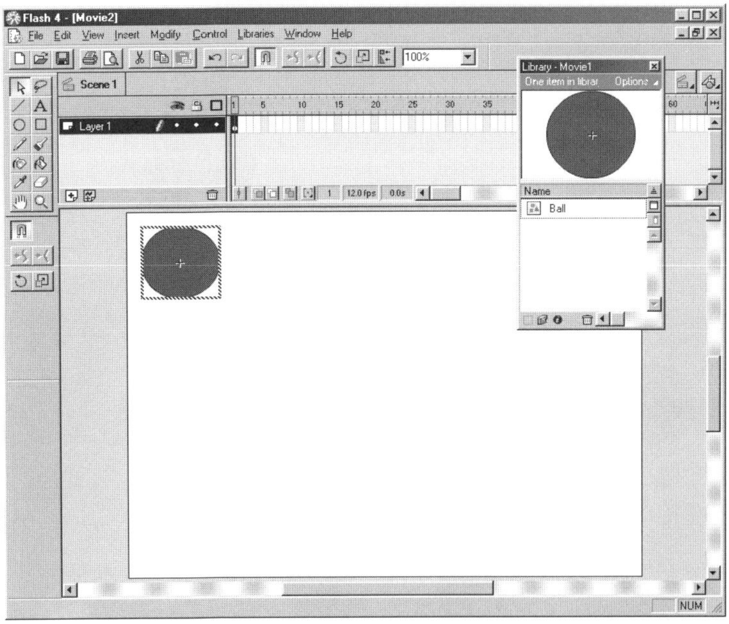

3 Nun kommt die Ebenenleiste mit der Zeitschiene ins Spiel. Klicken Sie bitte die Position 20 an.

4 Klicken Sie auf »Insert Keyframe« (Schlüssel-Position setzen).

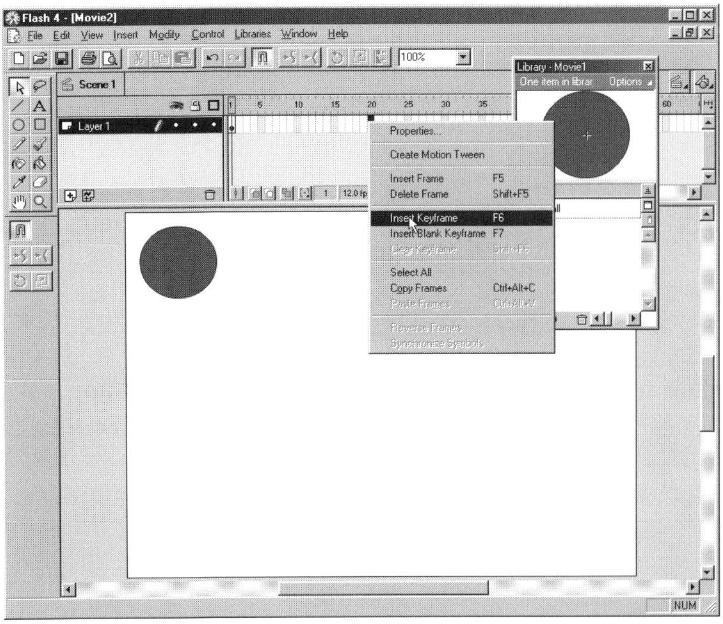

5 Ziehen Sie nun den Kreis in die untere rechte Ecke.

6 Klicken Sie nun mit der rechten Maustaste in die Zeitschiene irgendwo zwischen Position 1 und 20.

7 Wählen Sie »Create Motion Tween« (Bewegung erzeugen).

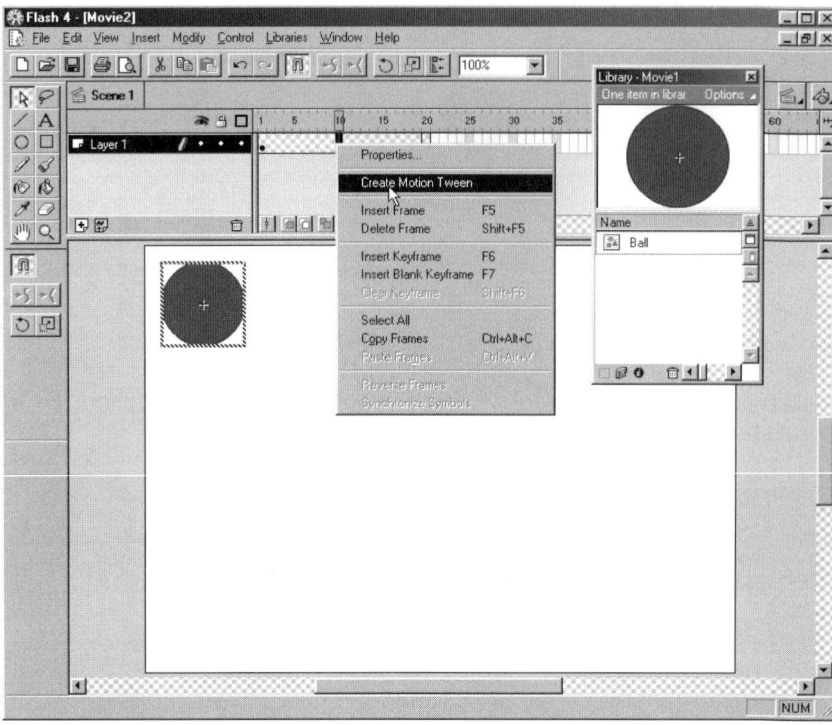

Es passiert nun Folgendes: Der Ball wird über die 20 Zeiteinheiten von oben links nach unten rechts bewegt. Deshalb steht er auch in der Mitte, wenn Sie auf die Position 10 klik-ken.

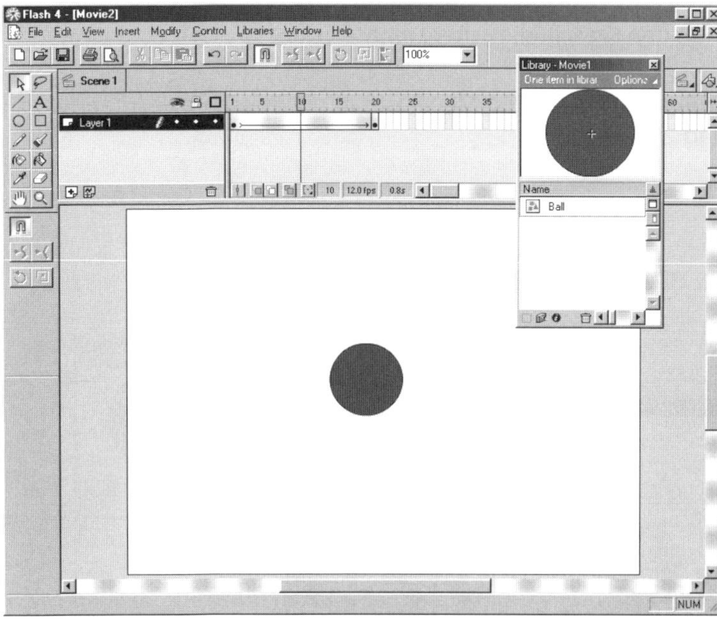

Nun schauen Sie sich einfach die Animation an, indem Sie F12 drücken. Es wird ein Browser gestartet und Sie sehen die ablaufende Animation.

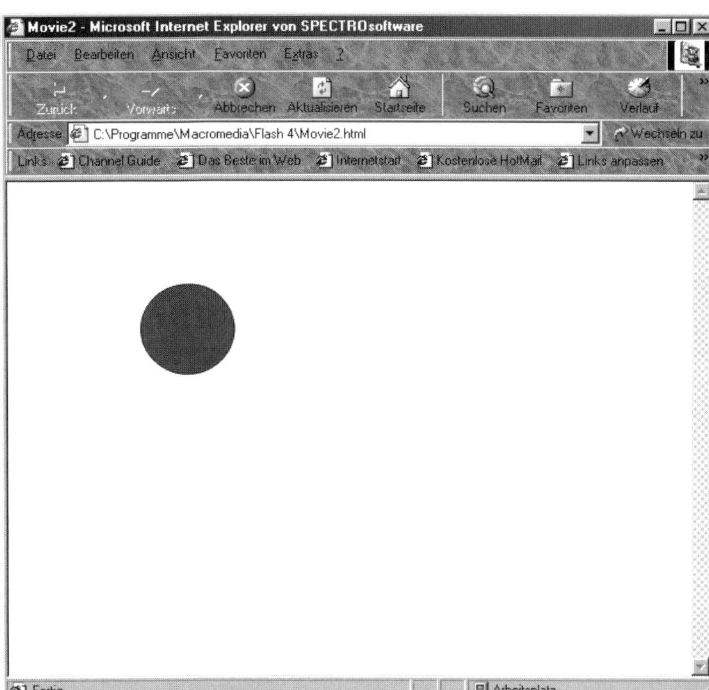

Wenn Sie sich nun den Quelltext dieser Seite anschauen, sehen Sie, dass die Animation mit folgenden Zeilen eingefügt wird:

```
<OBJECT classid="clsid:D27CDB6E-AE6D-11cf-96B8-444553540000" code-
base="http://active.macromedia.com/flash2/cabs/swflash.cab#ver-
sion=4,0,0,0" ID=Movie2 WIDTH=550 HEIGHT=400>

<PARAM NAME=movie VALUE="Movie2.swf"> <PARAM NAME=quality VALUE=high>
<PARAM NAME=bgcolor VALUE=#FFFFFF>

<EMBED src="Movie2.swf" quality=high bgcolor=#FFFFFF  WIDTH=550 HEIGHT=400
TYPE="application/x-shockwave-flash" PLUGINSPAGE="http://www.macrome-
dia.com/shockwave/download/index.cgi?P1_Prod_Version=ShockwaveFlash"></
EMBED>

</OBJECT>
```

Spielen Sie ein wenig mit den Attributen, um zu sehen, dass Sie die Breite und Höhe der Animation genauso verändern können wie die Hintergrundfarbe.

Ich hoffe, ich habe ein wenig Interesse bei Ihnen geweckt. Leider erlaubt der Umfang dieses Buchs keine weiteren ausführlichen Beschreibungen der vielen weiteren Möglichkeiten, die Flash 4 bietet.

▶ Weitere Themen zu Flash 4

- Ebenen
- Sound
- Knöpfe

Mehr zu diesen Themen erfahren Sie auch in den Lektionen, die Sie mit »Help« – »Lessons« aufrufen können.

Internet von A bis Z

Hier sind alle Begriffe zusammengestellt, die eventuell einer weiteren Erklärung bedürfen.

A

Adresse

Alle Dienste im Internet werden über eine Adresse angesprochen. Sie kann die verschiedensten Formate haben. Eine E-Mail-Adresse könnte so aussehen: name@anbieter.de.

Eine Homepage erreicht man dagegen so: *http://www.anbieter.de/*

Aliasname

Bei vielen Dienstanbietern erhält man eine Benutzer-Identifikationsnummer. Man kann sich aber einen Namen aussuchen, der für diese Nummer steht, damit man zum Beispiel nicht die E-Mail-Adresse `12345678@anbieter.de`, sondern `Ihr_Name@anbieter.de` hat. Diese Abkürzung ist wesentlich leichter zu merken und heißt »Aliasname«.

Anker

Als Anker bezeichnet man das Bild oder den Text, auf den man klicken muss, um auf die Seite zu gelangen, auf welche die zugeordnete Verknüpfung zeigt.

Anonymous Login

Siehe *Gastzugang*

Attribut

Ein Attribut kann einer Marke im HTML zugeordnet werden und beschreibt die Eigenschaften des erzeugten Elementes genauer. Wenn man zum Beispiel mit der Marke `<HR>` eine horizontale Trennlinie erzeugt, kann man mit dem Attribut `SIZE` die Stärke der Linie festlegen.

```
<HR SIZE=4>
```

Dieser Befehl erzeugt also eine wesentlich kräftigere Linie als `<HR>` alleine.

B

Betriebssystem

Jeder Computer muss nach dem Starten ein Grundprogramm aufrufen, das ihm sagt, wie er auf Eingaben zu reagieren hat und wie er die Hardware ansprechen muss. Dieses Programm nennt man Betriebssystem. Die gängigsten Versionen heißen MS-DOS, OS/2, Windows95/NT, MacOS und Unix.

Browser

Ein Browser ist ein Programm, das die Sprache HTML in ein grafisches Bild umsetzt und die Eingaben des Benutzers interpretiert und ihn so durch das Internet surfen lässt. Die gängigsten Browser heißen Mosaic, Netscape Navigator und Microsoft Internet Explorer.

C

CGI

CGI (Common Gateway Interface) ist ein Standard, der eine Schnittstelle zwischen Computern definiert. Er wird zum Beispiel verwendet, um die Datenübergabe so genannter CGI-Scripts zu definieren.

D

Dienstanbieter

Ein Dienstanbieter stellt die Verbindung zwischen dem Kunden und dem Internet her. Sie wählen sich mit einem Modem bei Ihrem Dienstanbieter ein und der übermittelt alle Daten, die Sie abrufen, zu Ihrem Computer.

Download

Siehe *Herunterladen*.

Dynamic HTML

Dynamic HTML ist eine Erweiterung von HTML, die es ermöglicht, Animationen und viele andere Elemente mit HTML zu programmieren.

E

Editor

Siehe *Texteditor*

E-Mail

Im alltäglichen Leben haben Sie sicher schon einmal einen Brief geschrieben. Genauso können Sie auch über das Internet Post versenden. Sie geben die Adresse des Empfängers an und schreiben Ihren Text dazu. In wenigen Minuten (manchmal schon Sekunden) ist der Brief als Datei bei dem Empfänger. Diese Variante ist also wesentlich schneller als die normale Post und kostet nicht einmal Porto. So einen Brief nennt man E-Mail.

F

Festplatte

Ein Computer speichert sowohl das Betriebssystem als auch andere Programme auf einer Festplatte ab. Diese Hardware ist vergleichbar mit einer Diskette, allerdings wesentlich schneller und größer.

FTP

Wenn man im Zusammenhang mit dem Internet von FTP spricht, meint man das »File Transfer Protocol«. Diese englische Bezeichnung steht für »Protokoll zur Dateiübertragung«. Computer verständigen sich ja untereinander in verschiedenen Sprachen (Protokolle). Dieses wurde speziell für den Austausch von Daten im Internet entwickelt. Mit FTP kann man problemlos auf große Dateiarchive von Firmen, Universitäten oder sonstigen Einrichtungen zugreifen.

G

Gastzugang

Viele Dienstanbieter stellen ihren Mitgliedern Software zur Verfügung. Damit wirklich nur die Mitglieder darauf Zugriff haben, wird beim Aufbau der Verbindung eine Abfrage der Nutzerkennung und des Passwortes durchgeführt. Manche Daten sind aber auch für Internetanwender freigegeben, die kein Mitglied des Anbieters sind. Diese Personen können sich dann unter dem Namen »Gast« oder in englisch »Anonymous« eintragen. Meist ist die Eingabe eines Passwortes nicht notwendig. In einigen Fällen wird aber die E-Mail-Adresse des Gastes als Passwort erwartet. Darauf werden Sie aber früh genug hingewiesen.

H

Hardware

Die Hardware eines Computers besteht aus dem Rechner selbst mit all seinen Karten, dem Monitor, der Tastatur, der Maus, dem Drucker und allen sonstigen Geräten, die daran angeschlossen sind.

Herunterladen

Wenn man eine Datei von einem anderen Computer auf den eigenen überträgt, spricht man vom »Herunterladen«.

Hochladen

Im Gegensatz zum Herunterladen überträgt man beim Hochladen eine Datei vom eigenen Computer auf einen anderen Computer.

Homepage

Eine Homepage besteht meist aus mehreren Dateien, die sich jeder Internetanwender ansehen kann. Eine Homepage wird meist in der Sprache HTML geschrieben und mit einem Browser-Programm dargestellt. Homepages informieren über einzelne Personen, Firmen, Universitäten und sonstige Institutionen.

HTML

Die Sprache HTML (Hyper Text Markup Language) wurde entwickelt, um möglichst einfach eine Homepage zu erstellen. Sie regelt die Programmierung von Verknüpfungen und vereinfacht den Aufbau von Tabellen, Formularen und Listen. HTML erlaubt sogar den Einsatz von Multimedia-Elementen wie Videos und Musik.

HTTP

Das Hyper Text Transfer Protocol (HTTP) dient zur Übertragung von Dateien, die auf der Sprache HTML beruhen. Homepages werden also hauptsächlich mit diesem Protokoll übermittelt.

I

Internet

Das Internet ist ein weltweites Netzwerk von Computern. Ursprünglich wurde es vom Militär entwickelt, um auch beim Ausfall einiger Computer ein funktionsfähiges Kommunikationsnetz zu haben. Inzwischen ist es aber auch für Firmen und Privatleute ein immer wichtigeres Medium geworden.

ISDN

Die Deutsche Telekom AG bietet nicht nur die normalen so genannten analogen Telefonanschlüsse, sondern auch digitale ISDN-Anschlüsse. Bei dieser Variante wird die Stimme erst in digitale Muster und am anderen Ende wieder in akustische Signale umgewandelt. Da Programme und Dateien digital gespeichert und übertragen werden, ist ISDN eine schnelle Möglichkeit der Datenübertragung.

J

Java

In Java geschriebene Programme werden über das Internet übertragen und laufen dann auf Ihrem Rechner ab. Diese Programmiersprache wurde extra für das Internet entwickelt.

K

Körper

Im Körper einer HTML-Datei werden alle Daten, Bilder und sonstigen Elemente aufgeführt, die später im Browserfenster erscheinen sollen. Die Ausrichtung und Konfiguration dieser Elemente wird hier ebenfalls festgelegt.

Kopf

Im Kopf einer HTML-Datei wird der Titel der Seite festgelegt.

L

Link

Siehe *Verknüpfung*

M

Marke

Eine HTML-Datei besteht aus normalem Text. Um andere Elemente anzeigen zu können, ist es notwendig, dass diese Elemente vom Text unterschieden werden können. Dazu verwendet man so genannte Marken (Tags), die eingeklammert sind.

Modem

Ein Modem wird benötigt, um Daten über eine Telefonleitung zu übertragen. Diese Hardware wandelt Daten in akustische Signale um. Am anderen Ende der Leitung befindet sich ebenfalls ein Modem, das diesen Vorgang umkehrt. Ein Modem beherrscht also beide Wege der Übersetzung.

N

Netzwerk

Ein Netzwerk ist ein Verbund von Computern, die untereinander Daten austauschen. Das Internet ist also ein riesiges Netzwerk.

P

Protokoll

Bei der Datenübertragung gibt es Protokolle, die kontrollieren können, ob alle Daten angekommen sind oder ob sie unterwegs vielleicht durch irgendwelche Störungen verändert wurden.

Provider

Siehe *Dienstanbieter*

Q

Quelltext

Der Text, der eine HTML-Datei beschreibt, heißt Quelltext.

S

Server

Ein Computer, der Daten speichert, um sie anderen Rechnern im Netzwerk zur Verfügung zu stellen, heißt Server.

Software

Alle Programme und Daten, die man speichern kann, heißen Software.

Sonderzeichen

Alle Zeichen, die nicht zu den Buchstaben von A bis Z und den Ziffern 0 bis 9 gehören, heißen Sonderzeichen.

Speicherplatz

Um Daten zu sichern, benötigt man Speicherplatz. Es kann sich dabei um Hauptspeicher oder um Festplattenkapazität handeln.

Standleitung

Eine dauerhafte Verbindung zwischen zwei Rechnern nennt man Standleitung.

Surfen

Unter »Surfen« versteht man das Wechseln zwischen Internetseiten.

Style Sheet

Bei einem Style Sheet handelt es sich um eine Formatvorlage, die in mehreren HTML-Seiten aufgerufen werden kann. So spart man sich viel Arbeit, denn man braucht Änderungen nur noch in einer Datei vorzunehmen.

T

Tag

Siehe *Marke*

Telnet

Telnet ist ein Protokoll, das es erlaubt, auf anderen Rechnern Programme auszuführen oder zu steuern. Es beruht auf Textbasis.

Texteditor

Ein Texteditor dient zur Erstellung und Abänderung von Textdateien. Das Programm »Notepad« unter Windows gehört dazu.

U

Upload

Siehe *Hochladen*

V

Verknüpfung

Eine Verknüpfung ist eine Verbindung zwischen zwei Internetseiten. Wenn Sie eine Verknüpfung auf der aktuell angezeigten Seite aktivieren, gelangen Sie zur Zielseite.

VRML

VRML steht für Virtual Reality Modeling Language. Man kann mit ihr also virtuelle Welten darstellen.

W

World Wide Web (WWW)

Das »World Wide Web« ist der wahrscheinlich interessanteste Internetdienst, weil hier alle Homepages zu finden sind.

Stichwortverzeichnis